大中亚区域林业发展报告丛书

哈萨克斯坦共和国林业发展报告

亚太森林恢复与可持续管理组织（APFNet）编

中国林业出版社

图书在版编目（CIP）数据

哈萨克斯坦共和国林业发展报告 / 亚太森林恢复与可持续管理组织（APFNet）编 . —北京：中国林业出版社，2017.5

（"一带一路"绿色合作与发展系列·大中亚区域林业发展报告丛书）

ISBN 978-7-5038-9026-0

Ⅰ . ①哈… Ⅱ . ①亚… Ⅲ . ①林业经济－经济发展－研究报告－哈萨克 Ⅳ . ① F336.162

中国版本图书馆 CIP 数据核字 (2017) 第 095928 号

责任编辑：刘开运　张健　谷玉春
出版：中国林业出版社（100009 北京西城区德胜门内大街刘海胡同 7 号）
E-mail：Lucky70021@sina.com 电话：010-83143520
发行：中国林业出版社总发行
印刷：北京卡乐富彩色印刷有限公司
印次：2017 年 5 月第 1 版第 1 次
开本：787mm×1092mm　1/16
印张：4.5
字数：90 千字
定价：48.00 元

大中亚区域林业发展报告丛书
编委会

主任：

曲桂林	亚太森林恢复与可持续管理组织秘书长
鲁 德	亚太森林恢复与可持续管理组织副秘书长

编委：（按姓氏笔画排序）

孔 哲	亚太森林恢复与可持续管理组织项目处负责人
龙 超	亚太森林恢复与可持续管理组织项目官员
肖 军	亚太森林恢复与可持续管理组织综合处负责人
彭 鹏	亚太森林恢复与可持续管理组织基金处负责人

主要撰稿人：（按英文字母排序）

Karibayeva Kuralay	哈萨克斯坦共和国生态和可持续发展研究所主任
Nachin Baatarbileg	蒙古国国立大学工程与应用科学学院主任
Nury Atamyradov	土库曼斯坦国家沙漠、植物和动物研究所高级研究员
Said Inogamov	乌兹别克斯共和国原塔什干国立大学教授，曾担任联合国发展规划署国家专家、FAO 项目协调员等职
Saidzoda Madibron	塔吉克斯坦共和国林业局特别保护区国家机构负责人
Venera Surappaeva	吉尔吉斯共和国环境保护和林业局 森林与狩猎调查司森林监测与森林地籍处处长

"一带一路"经济走廊及其途径城市分布地势图

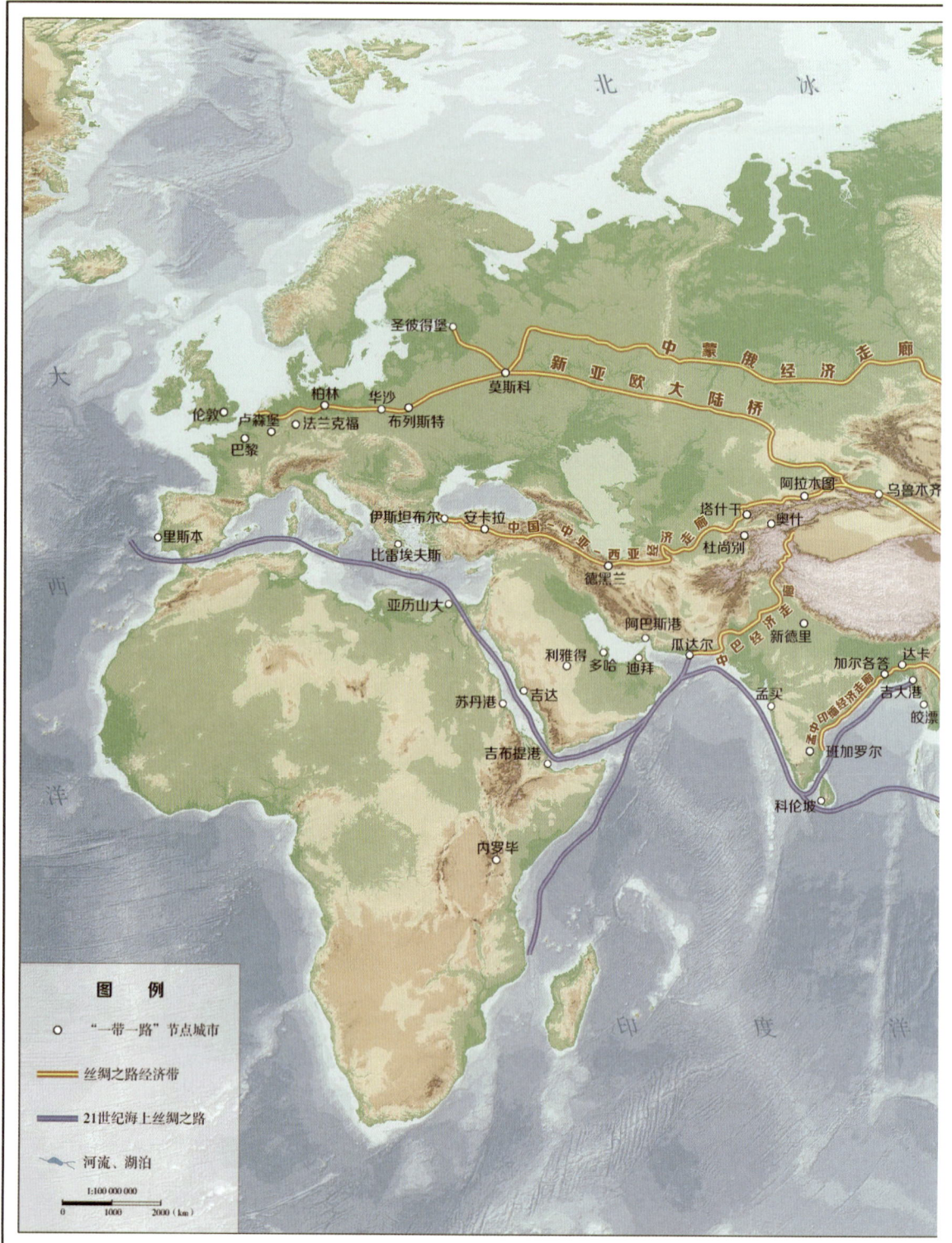

北冰洋

大西洋

印度洋

圣彼得堡
莫斯科
中蒙俄经济走廊
新亚欧大陆桥
伦敦 卢森堡 柏林 华沙
法兰克福 布列斯特
巴黎
里斯本
阿拉木图 乌鲁木齐
塔什干 奥什
伊斯坦布尔 安卡拉 中国—中亚—西亚经济走廊 杜尚别
比雷埃夫斯
德黑兰
亚历山大
阿巴斯港 瓜达尔 新德里 中巴经济走廊
利雅得 加尔各答 达卡
多哈 迪拜
苏丹港 吉达 孟买 吉大港 皎漂
孟中印缅经济走廊
吉布提港 班加罗尔
科伦坡
内罗毕

图 例

○ "一带一路"节点城市

━━ 丝绸之路经济带

━━ 21世纪海上丝绸之路

〰 河流、湖泊

1:100 000 000

0　　1000　　2000（km）

审图号：GS(2016)1764号

高程/（m）

>6000　6000　5000　4000　3000　2000　1000　500　100　0

洋

伊尔库茨克

布拉戈维申斯克
（海兰泡）

乌兰巴托

哈巴罗夫斯克
（伯力）

符拉迪沃斯托克
（海参崴）

北京

釜山

西安

上海

福州

昆明
河内 南宁
曼德勒
万象

曼谷

吉隆坡 关丹
新加坡

雅加达

达尔文

新 亚 欧 大 陆 桥

中 半 岛 经 济 走 廊

大 平 洋

悉尼

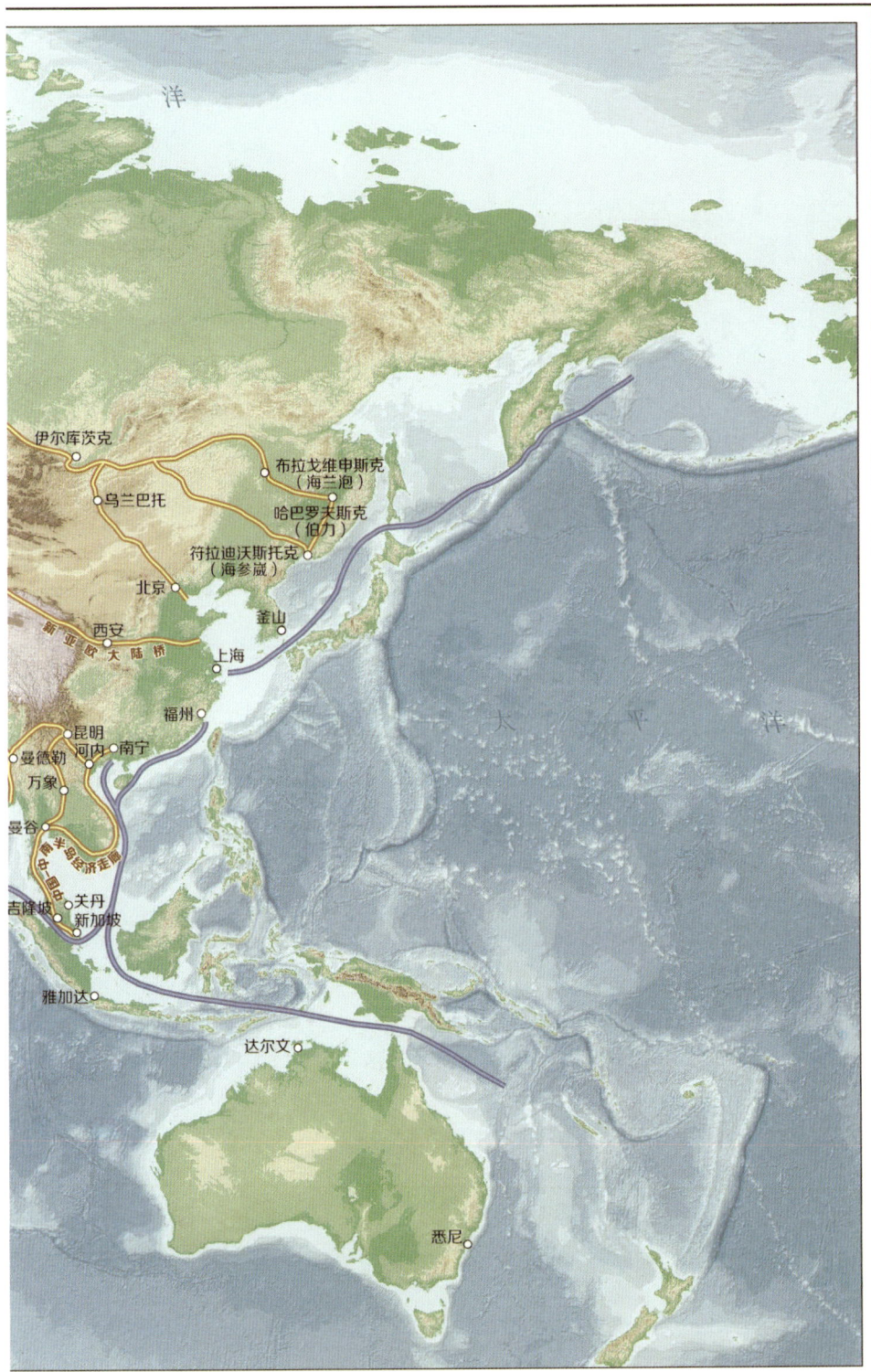

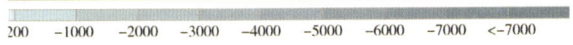

国家测绘地理信息局 监制

200　-1000　-2000　-3000　-4000　-5000　-6000　-7000　<-7000

"一带一路"经济走廊及其途径城市分布示意图

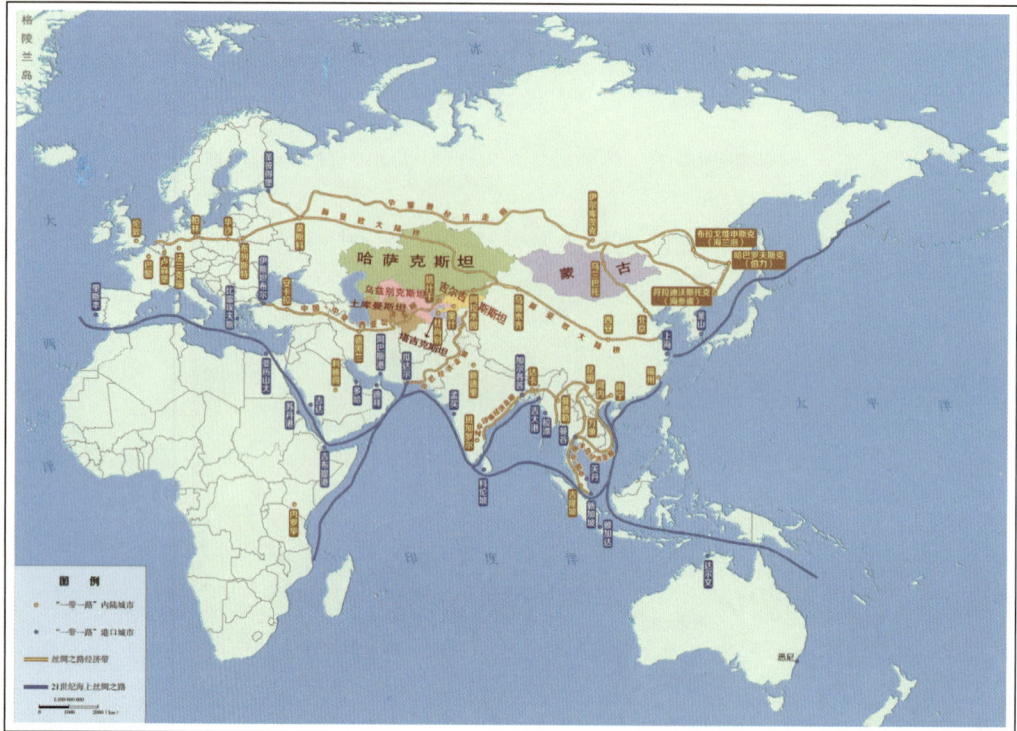

亚洲地图

前 言

　　大中亚地区广义上主要包括哈萨克斯坦共和国、乌兹别克斯坦共和国、塔吉克斯坦共和国、土库曼斯坦、吉尔吉斯共和国及蒙古国等经济体。大中亚各经济体多位于干旱及半干旱地区，土地类型多为草原和牧场，农地和林地所占比例小。

　　随着全球经济一体化步伐加快及大中亚地区经济复苏，区域内各经济体均处于经济转型和管理方式转变的关键时期，各经济体政府开始更加关注林业的生态价值和服务功能，积极开展森林可持续管理，提高林业对整体国民经济的贡献。尽管区域内各经济体体制环境不同，但林业发展都面临着许多共同问题，因此林业合作互补性较强，合作前景仍十分广阔。

　　亚太森林恢复与可持续管理组织（APFNet），作为一家总部设在中国的国际组织，一直秉承"推动亚太区域森林可持续发展"的宗旨，以推动大中亚地区林业发展和合作为出发点，与大中亚各经济体林业主管部门官员和专家合作编写了"一带一路"绿色合作与发展系列之大中亚区域林业发展报告丛书，该丛书共分6种，依次为哈萨克斯坦共和国林业发展报告、乌兹别克斯坦共和国林业发展报告、塔吉克斯坦共和国林业发展报告、土库曼斯坦林业发展报告、吉尔吉斯共和国林业发展报告和蒙古国林业发展报告。书中通过对各经济体林业现状、林业对经济发展的贡献、林业政策法律和发展战略、林业教育与科研、林业国际合作及森林管理最佳实践进行资料数据收集和分析，提炼出该区域林业发展基本情况，填补了国际大中亚林业发展系统研究的空白，为今后开展大中亚地区林业合作提供了重要的理论依据。

　　吉尔吉斯共和国国家环境与林业局、塔吉克斯坦共和国林业局、乌兹别克斯坦共和国林业局、土库曼斯坦国家环境保护与土地资源委员会、哈萨克斯坦共和国农业部、蒙古国环境和旅游部对出版本丛书给与了大力支持，在此一并表示感谢！衷心期待大中亚地区林业合作不断结出累累硕果。

　　鉴于编写本书时间较短，特别是对各经济体森林经营管理最佳实践未能进行更深层次的调研，书中难免有错误和纰漏之处，敬请读者予以指正。

曲桂林

亚太森林恢复与可持续管理组织秘书长

目 录

缩写与缩略语

APFNet	亚太森林恢复与可持续管理组织
CBD	联合国生物多样性公约
CITES	濒危野生动植物种国际贸易公约
ESPN	公共森林所有者
GEF	全球环境基金
IUCN	世界自然保护联盟
KAZRIFA	哈萨克斯坦森林和农林业研究所
LLP	有限责任合伙
PFF	私人森林基金
RAMSAR	国际重要湿地公约
SPNA	特别保护自然区
UNCCD	联合国防治荒漠化公约
UNDP	联合国开发计划署
USAID	美国国际开发署
WB	世界银行

1. 林业发展现状

1.1 经济体概况

哈萨克斯坦共和国（以下简称"哈萨克斯坦"）位于欧亚大陆的中心地带，其陆地面积排名世界第九，人口超过 1700 万。

哈萨克斯坦南北向长约为 1600 千米，东西向长约为 3000 千米。国土面积为 272 万平方千米，覆盖自北纬 55°26′ 至北纬 40°59′ 以及自东经 46°05′ 至东经 87°03′ 之间温带的中部和南部纬度地区。

哈萨克斯坦国土离海洋较远，全年降水量稀少，夏季和冬季温度变化大（1 月份平均气温：北部 –19℃，南部 –2℃；7 月份平均气温：北部 19℃，南部 28℃）。该地区极端大陆性气候归因于其独特的景观异质性。在自然条件下，哈萨克斯坦国土分布着 9 个自然区，其中大部分为沙漠和半沙漠（58%）、草地（26%）、山地景观（约 12%）。

哈萨克斯坦拥有世界上最大的陆地面积。土地基金的总面积为 2.72 亿公顷。

主要的雨养农业地区位于土壤为黑钙土和栗钙土的草原和森林草原地带的北部。该地区的农作物产量面临较高风险，并且会受到不利的气候条件（季节性温度变化和降水量匮乏）影响。该地区的主要农作物是软质小麦。软质小麦生长迅速，成熟较早并且抗旱能力较强。软质小麦的平均产量约为 14~16 千克 / 公顷。此外，软质小麦的产量多年来一直不稳定，并且在不同的地区产量也存在差异。预测农作物产量基于土壤水分进行估算，但整季的降水量极难确定。在南部边界地区的雨养农业的发展一直与前苏联时期的产量（而非利润）最大化的政策有关。通过种植谷物降低对进口的依赖。经济体为小麦种植提供补贴。但在这些情况下，补贴的作用极低。在转型时期，由于盈利能力较低，包括草原带南部地区在内，耕地面积已经大幅度减少。然而，在示范区内所进行的 USAID/UNDP "应对中亚地区的粮食安全的气候变化以提高哈萨克斯坦小麦生产稳定性"项目的实验表明，免耕法等新技术的应用可以降低投资、保存土壤水分和腐殖质含量并提高产量。目前，旱地利用面积日益增加。然而，目前由于土地面积较小并且缺乏用于购买机械和肥料的资金，为了减少非灌溉耕地发生退化，大多数农场并未进行轮作。除土壤肥力不足的因素外，导致产量不稳定和限制雨养农业经济可行性的主要因素是气候条件。

灌溉农业在哈萨克斯坦的南部地区非常普遍。主要作物包括稻、棉花、小麦、马铃薯、甜菜和蔬菜。在后苏联时期，可灌溉耕地的面积达到顶峰但在转型期间急剧下降。在 2010~2014 年期间，灌溉面积已经下降了 18%。显著下降的原因是多方面的：一方面，集体农场改组后形成了更小的农业生产者结构，其中大部分农业生产者的财政状况不理想。由于灌溉地利用的组织和经济机制被扰乱，因此土壤肥力和供水的电费问题显著恶化。另一方面，由于新用户的职责限定不明确以及运行和维护方面的投资缺乏，灌溉和排水系统崩溃。灌溉和排水系统的恶化导致这些地区出现积水和盐渍化现象以及土壤肥力和作物产量下降。因此，自从 1990 年以来，各种作物产量均有所降低：谷类约 48%，甜菜 52%，棉花 39%，马铃薯 26%，蔬菜 34%。水利用效率较低。由于农场间（10%~25%）和农场内（20%~30%）灌溉网的问题，仅 50%~70% 的灌溉用水得到利用，最终造成作物损失。近年来，一些 UNDP/GEF 项目正在实施之中，旨在恢复和改善南哈萨克斯坦州、阿拉木图、曼吉斯套州、克孜勒奥尔达和该经济体内其他地区的灌溉地的复垦。

传统上，在哈萨克斯坦根据季节进行远距离移动放牧。冬季牧场位于有少量降雪的沙漠中，其起伏的地形有助于获取天然的干草和灌木，从而为牧场提供额外的饲料。夏季牧场位于山区或草原带，这些地区产量较高，但在冬季会被大雪覆盖。迁徙期间，在产羊羔时牧羊人会待在原地。在草原带夏季牧场的大部分未开垦土地上种植一些在半干旱和干旱地区生长的作物，并且进行灌溉。为了合理利用经济体内日益减少的牧场，哈萨克斯坦政府按照牛的移动放牧顺序作出如下规定：短距离指的是在某个农场范围之内；长距离指的是在不同的生态区之间。在最偏远的牧场，绵羊数量已经增至 3600 万头。在牧场地区常见的播种牧草是饲料作物和干草。然而，牲畜数量极多以及牧场管理条件较差已经导致 2400 万公顷牧场（占所有牧场的 13.2%）出现退化。在哈萨克斯坦共和国独立后，由于该经济体处于政治和经济的困难时期，各种牛类牲畜一直呈下降趋势，使用远距离牧场也变得无利可图。牧场浇水设施和其他偏远地区的牧场基础设施已经停止服务并且年久失修。随着近年来经济形势的日益好转，牛的数量也逐渐回升。然而，由于仍有少量牛在村庄或农场周围放牧，当地的土地退化情况仍然无法得到改善。

依照《哈萨克斯坦共和国宪法（1995）》，国家森林基金的森林属于经济体财产，委托经济体林业主管部门进行管理。主要储备是在东哈萨克斯坦州的珍贵的针叶林，多年来一直对针叶林进行工业砍伐获得木材。传统上，在沙漠梭梭森林地区放牧牲畜的森林居民和牧民将木材用作燃料，在山坡、沙漠和河岸森林中进行的无监管放牧、非法伐木以及大型森林火灾导致森林退化。为了恢复珍贵的针叶树和梭梭沙漠森林，哈萨克斯坦共和国政府推行了 10 年期森林采伐暂停禁令（截至 2013 年年底已完成针叶林相关法令）。有关各种梭梭林砍伐的暂停禁令持续至 2018 年年底。除木材之外，森林资源利用还包括狩猎以及采集森林水果和浆果、坚果、蘑菇等。森林恢复主要在空旷地和烧毁区域进行。按照设想，需要扩大再造林的范围。

1.2　森林资源

哈萨克斯坦的景观和气候的多样性决定了其生物以及森林植被类型的多样性。在沙漠带中生长着梭梭林；在沿河地区、河岸、漫滩和山地生长着针叶林；在草原和森林草原带的平原地区生长着桦树和山杨人工林以及岛状林和带状林。此外，这些森林位于哈萨克斯坦内极不平坦的地区。

哈萨克斯坦共和国的所有森林均被宣告为安全森林，这些森林也是具有经济体内 86% 生物多样性的自然保护区，并且在维持这些区域和某些人口群体的生态和社会经济稳定方面发挥着重要作用。

经济林基金的总土地面积（用于满足林业需要的林地和非林地）为 2930 万公顷，并且占该经济体的森林覆盖面积的 10.7%，达到 1260 万公顷。综合各种森林类型来看，全国森林覆盖率平均值为 4.6%（如果仅考虑乔木林，全国森林覆盖率平均值约为 1.1%）。此外，在某些地区，全国森林覆盖率平均值在 0.1%~16% 范围之内。

应该注意的是，在过去的 5 年中，经济林基金的面积基本上呈现稳定的增加趋势。自从 2010 年以来，经济林基金的面积已经增至 150.85 万公顷，森林面积增至 36.91 公顷。林业经济增长了 0.1%。

在沙漠和草原带，梭梭林约占该地区森林覆盖面积的 50%，灌木种植场占 24%。最珍贵的针叶树种植场占 13%，落叶树占 12%，阔叶树占 1%。这些均是残余生态系统，特点是抵抗力较弱且易受自然和人为因素影响。

主要造林树种包括松树——欧洲赤松、雪岭云杉、西伯利亚云杉、西伯利亚冷杉、西伯利亚落叶松、雪松、泽拉夫尚刺柏；落叶树——毛桦和垂枝桦（均超过 14 种）、山杨、赤杨、黑杨等（超过 16 种）、异形叶胡杨、尖叶柳；阔叶树——英国橡树、榆树、沙枣；黑梭梭、白梭梭；灌木——西伯利亚刺柏、叉子圆柏、尖叶绣线菊、尖叶柳、白柳、西伯利亚柳、准噶尔柳、野蔷薇（超过 20 种）、西伯利亚锦鸡儿；沙漠中——沙拐枣、柽柳、盐豆木和沙地相思树。

该经济体中主要造林树种的总木材储量为 4.1225 亿立方米。木材储量最大的是松树，占 61.9%（2.5523 亿立方米，包括 1.0803 亿立方米松树）；其次是落叶树，占 33.7%（1.3876 亿立方米，包括 8833 万立方米桦树）。梭梭树所占比例不超过 3.6%（木材储量平均每公顷 2.4 立方米）。由于该经济体的领土上的森林分布极不均匀，主要木材供应（占比 83.1%，3.426 亿立方米）集中在该经济体的东南部、东部和北部的山地森林和森林草原带。

经济体森林受到森林火灾、森林病虫害和非法采伐的严重影响。

在过去 10 年中，经济林基金土地面积约为 6000 公顷。在 11.9 万公顷森林面积上所发生的山火影响范围达 23.3 万公顷的林地，在此期间火灾所造成的损失高达 28 亿坚戈。

2015 年，在哈萨克斯坦经济林基金的 9600 公顷土地上发生了 476 起森林火灾。这些森林火灾所造成的损失高达 1.19 亿坚戈。与 2010 年相比，2015 年森林火灾数量减少了 26%，受森林火灾影响面积和损失分别下降了 17% 和 65%。

60% 的森林火灾的主要原因是人为因素所致，其余 40% 的森林火灾则是由自然因素所致。主要的人为因素是难以控制的农业焚烧，而主要的自然因素则是干雷暴，其中受干雷暴影响程度最大的森林是额尔齐斯河遗迹松林带。

据记录，2016 年初在面积为 18 万公顷的土地上暴发了一场森林虫害。主要受森林虫害影响地区是东哈萨克斯坦州（53%）、巴甫洛达尔（16%）和阿拉木图（10%）。林业机构每年都会在危险的森林病虫害中心区域进行灭病虫害活动。

非法采伐给林业造成了严重损害。根据经济林所有者所述，在过去 10 年间，被非法采伐的木材高达 40 万立方米，造成的经济损失约 1.6 亿坚戈。通过法律诉讼方式挽回了一部分经济损失。

1.3　土地利用概况

哈萨克斯坦森林基金包括公共森林基金和私人森林基金。经济林基金包括以下几点：

（1）在特别自然保护区内的天然林和人工林（包括林地和非林地）。

（2）无森林植被覆盖且满足在经济林基金土地上林业需求的天然林和人工林。

（3）在国际上和哈萨克斯坦共和国内具有重要性的铁路和道路上，以及运河、主要管道和其他宽达 10 米且面积大于 0.05 公顷的线性构筑物上的保护性种植。

哈萨克斯坦的国家基金森林管理体系为双层级体系：共和国（国家）层级和地方（区域）层级。

国家层级的经济林基金森林管理体系由哈萨克斯坦共和国政府通过其授权的中央执行机构哈萨克斯坦共和国农业部进行管理。由一个专门的共和国机构林业和野生生物委员会对整个经济体的森林进行直接控制、经济控制和监督，该委员会隶属于哈萨克斯坦共和国农业部及其国土部门的一部分。经济林基金土地利用的所有问题都在经济体主管机关的职权范围内。

地方层级的经济林基金森林管理体系由一些地方执行机构区域性管理部门通过自然资源和环境管理方面的下属管理机构及林业机构进行控制。

截至目前，在为区域执行机构储备的 78% 经济林基金中，21%（主要是 SPNA）由哈萨克斯坦共和国农业部林业和野生生物委员会进行管理，约 1% 由其他部门管辖。

该经济体中政府机构和林业组织的主要任务是通过实施科学采伐制度、再造林、改善其物种构成、基于选择和遗传学获得和有效利用永久种子、开垦、抚育森林（包括疏伐和卫生伐）、建设林业用道路、预防森林火灾、防治病虫害以及开展其他林业活动增加森林的资源和生态潜力。

该经济体内经济林基金为了消除森林火灾，已经建立了 168 个森林消防站，这些森林消防站均备有消防车和带牵引杆的拖拉机。此外，对 30% 的经济林进行了空中监测。

私人森林——哈萨克斯坦的一种较为新型的所有权。私人森林基金（PFF）指的是由个人和非政府实体本着造林的目的依照哈萨克斯坦共和国森林立法自费获得私人所有权或长期土地使用权的土地上种植的宽达 10 米以上且面积 0.05 公顷以上的人工林、农林种植园和用于特殊用途作物的种植园。目前，私人森林基金土地包括被森林地块覆盖的 682 公顷土地，主要是私人苗圃。

私人森林基金指的是经济财产的对象，其所有权归共和国。

私人森林基金区域的所有权、使用权和处置权归私人森林所有者所有。

1.4　再造林和造林

哈萨克斯坦共和国总统在"哈萨克斯坦 –2050"长期战略以及经济体年度报告中指

出，该经济体的优先发展事项之一是增加绿色空间面积，主要是将其与经济体的环境恢复联系在一起。

在 2010~2015 年期间，在哈萨克斯坦共和国境内面积为 28.32 万公顷的土地上进行了再造林和造林，包括 11.43 万公顷人工林，以及在该经济体的南部区域种植的 124.6 公顷梭梭林，并且促进 4.43 万公顷区域范围内森林的自然再生。

与 2010 年相比，2015 年再造林和造林工作量增加了 17%。2014 年已记录的最大工作量为 8.05 万公顷。

森林资源再生产侧重于使用自然和人工再造林方法。在极端的大陆性气候和湿度不足的情况下，最重要的方法是提供种植场再造林。截至目前，人工种植林面积为 95 万公顷，约占林地总面积的 7.5%。

进行造林时，应该特别重视额尔齐斯河松林带，森林覆盖面积为 88.31 万公顷。作为 GEF/WB "共和国森林保护和再造林" 项目的一部分，共有 3 个森林苗圃投入运营，包括一个林种中心。该林种中心配备了用于培育种植材料的最新设备，生产能力为每年 300 万条封闭根系，这会使松林带的每年再造林面积增加至 9500 公顷。

2008 年，在干涸的咸海海底上、总面积为 5.65 万公顷的土地上种植和播种了梭梭树，包括 4.71 万公顷人工林。

根据哈萨克斯坦总统的要求，政府正在共和国首都、一些区域中心和其他定居点建立绿化区。在建的规模最大的工程是在阿斯塔纳市周围建立绿化区，该工程已经自 1997 年开始启动。经过多年的努力，该地区的绿地面积已经超过 7 万公顷。预计到 2020 年，该地区的绿地面积将增加至 10 万公顷。

每年会在整个经济体中进行一次 "共和国植树日" 活动。环保机构、经济林所有者、国有和私营公司和组织以及青年组织均参与了此活动，共为定居点种植了 100 万株乔木和灌木。

根据 2016 年 1 月 1 日发布的林业基金的数据，该经济体的森林文化基金面积为 619 万公顷，包括 1.54 万公顷采伐林区、4.18 万公顷火烧迹地区和其他死角地区、204.1 万公顷空旷地区和 357.7 万公顷疏林区。就此而言，林业的主要任务之一是像前几年那样进行格兰尼克再造林且不再重新砍伐，其面积为林地面积的 4.5%。

共建成 155 个永久性森林苗圃，总面积达 4364 公顷，每年可种植 2 亿多株树。不同树种的标准幼苗地块能够确保开展用于在经济林基金土地上种植的森林文化活动。该经济体种植材料的实际产量平均约为 1.62 亿株，其中标准幼苗约为 7500 万株。

基于培育和遗传学建成的林种基地包括 2000 公顷 1231 种优树种植园、永久性林种地块和种子园，占地面积超过 3.4 万公顷。此外，永久性林种产量仅为 30%。

在总面积为 7.77 万公顷的土地上形成了一个育种和遗传学设施网络。

1.5　城市林业

哈萨克斯坦共和国的城市森林和森林公园包括在城市定居点范围内生长的自然种植场和人工种植场，主要以卫生和娱乐功能为主，属于经济林基金的一部分。此类森林的目的是进行各种健康、娱乐、历史、文化、旅游、体育和其他的森林娱乐活动，以及良好环境的保护。在城市森林和森林公园制定了一项禁令，禁止从事以下活动：伐木和其他砍伐、采脂、利用二级森林材料和树枝进行放牧和垂钓、采集非木材林产品和诸如此类不符合森林的指定用途的其他森林利用活动。哈萨克斯坦的城市森林总面积为 4.92 万公顷，其中包括 1.81 万公顷森林全覆盖面积。

1.6　参与式森林管理

哈萨克斯坦没有采用社区林业管理形式。但是基于吉尔吉斯共和国的经验，采用社区林业管理形式可能已被纳入考虑范围。据推测可能用于测试和评估采用这种森林管理形式的试点地区，考虑到该经济体中农村人口的心理特性，可能会选择在一部分哈萨克斯坦南部沙漠（梭梭）森林地区实施。实施这个试点项目的主要障碍是缺乏所需资金、森林立法中无相关规则。

1.7　林产品的生产、消费和贸易

哈萨克斯坦共和国立法中确定了针对经济林基金土地的 8 种森林管理：

（1）砍伐。

（2）采集树脂和树汁。

（3）获取二级森林资源（树皮、树枝、树桩、根、叶、芽）。

（4）二次森林利用（割草、放牧、马拉赤鹿养殖、毛皮兽饲养、养蜂、园艺、瓜类和其他作物的栽培、收获和收集药用植物和原料、野果，坚果、蘑菇、浆果和其他食物、苔藓、森林凋落物和落叶、芦苇）。

（5）利用经济林基金区域满足狩猎需要。

（6）利用经济林基金区域进行各项研究。

（7）利用经济林基金区域进行各种健康、娱乐、历史、文化、旅游和体育活动。

（8）利用经济林基金区域培育乔木和灌木的种植材料以及用于特殊用途的人工林。

森林管理程序由授权机构严格按照哈萨克斯坦共和国立法和森林资料进行管理。

经济林基金土地的森林管理是指在单一系统内以 10~15 年为间隔期（修正期）根据已经批准的规范性法案使用航拍和卫星影像资料进行的经济性垄断和经济性森林管理组织活动。

管理计划提供了上一修正期内经济林基金的森林管理和使用和下一修正期内已制定林业措施的数量和组织与森林管理的主要规定的综合评估。

基于已经批准的森林管理计划，推进用于采集的种植场的发展。因此，根据经济林基金类型，基于不同树种的采伐龄进行采伐管理，具体情况如下：针叶树种 121~160 年（桦树 141~180 年；雪松 201~280 年），阔叶树 41~80 年，灌木 9~12 年。每年应根据主要造林树种的砍伐量（森林基金）、间伐量和其他砍伐量建立相应的授权机构。在该经济体中针对以下树种设立主要森林管理机构：松树、云杉、冷杉、落叶松、桦树、山杨、白杨、柳树、黑梭梭和部分地区的榆树、枫树和桦树。

应该指出，林地的土地经营潜力仅占 38%。根据环境要求和森林立法的要求，大部分被森林覆盖的土地（约 62%）不列入主伐计算中。如果想要使用哈萨克斯坦红皮书中所列的树种，需要获得政府的特别许可。

为了防止针叶树和梭梭种植场的退化以及加强对森林免受非法砍伐影响的保护，哈萨克斯坦共和国农业部林业和野生生物委员会针对经济体南部一部分额尔齐斯河松林带和梭梭种植场颁布了所有采伐类型（清理液体垃圾除外）的暂停禁令，有效期至 2018 年 12 月 31 日。

通过转让具有长期使用权的经济林地区的森林资源，基于森林招标的结果进行森林管理（主要针对砍伐活动）。由当地行政机构在经济体授权森林机构的监督下组织森林管理活动。根据长期森林管理合同，中标者（法人实体和个人）必须在指定的森林区内进行森林管理活动，并且应该向经济预算部门支付相应的年费。对木材的长期森林管理中的森林资源交付期限为 10 年至 49 年。

还针对以下森林类型组织投标，例如采集树脂和树汁——向用户转让森林资源 10~15 年；利用经济林基金区域满足狩猎需求——10~49 年；利用经济林基金区域进行各种健康、娱乐、历史、文化、旅游和体育活动——10~49 年。

目前，面积超过 179.1 万公顷土地上森林资源的长期森林管理权已经转让给自然人和法人，包括面积超过 100 万公顷的木材的管理权。

2015 年主要用途木材（梭梭除外）的实际用量约为 30.2 万立方米，约占经批准的年度许可砍伐量的 15%。由于森林用户缺乏材料和技术基础、缺乏加工硬木材所需的适当精加工能力和有效技术，落叶木大多数没有被充分利用。

森林产品贸易不在该经济体的森林主管部门的职权范围内，应由相关商业部门负责。企业界别分组归个人或公司所有。它主要涉及一些该经济体内的中小型企业，其资金来源于私人资金以及国内和国外投资。

森林机构仅有权向居民提供适当种类的有偿服务，包括出售用于加热和其他用途的来自疏伐和卫生伐的燃料木材以及造林材料。出售有偿类型服务所得的资金应记入森林机构的特别账户，并且按照该经济体的立法规定作为额外的资金来源用于满足森林管理的需要。

土地问题在转型期已经经历了重大变化，私人所有土地的比例有所增加。尽管变更部分土地法的内容并且强制推行了不同层级的法律文件，但经济政策仍缺乏对土地生产力的关注。由于缺乏必要的准备工作且未进行评估和规划，紧急改革导致了一些组织、立法和环境方面的问题。

土地资源可持续利用的先决条件是哈萨克斯坦的土地足以满足国内农产品需求，并且还可以提供具有经济意义的出口潜力。2003~2004 年每公顷耕地的平均总生产力为 10051 坚戈，与 1995~1998 年相比高出 60.3%。农产品结构中畜牧业产量份额发生变化（1995 年为 44.1%，2001 年为 39%，2003 年为 44.1%）。

减少农村地区的贫困在很大程度上取决于农业部门。在经历 20 世纪 90 年代的严重危机之后，现在已经取得重大进展。2004 年的农产品总产量为 6947 亿坚戈。2003~2004 年期间，农产品总产量（归一化价格）比 1995~1998 年期间高 31%。然而，尽管农业部门内出现了强劲增长，但是在总 GDP 中的比例反而下降了 7.8%。该下降较为显著。在前苏联时期，其农业产量占该经济体经济的四分之一。农业的相对权重下降，这是发达经济体的一种典型趋势。GDP 的主要增长因素是石油和其他原材料的快速增长。

在过去 10 年中，商业机构发生了变化。1995 年，大型公司产量占所有农产品的 53%，然后它们的产量份额在 2003 年下降至 22.6%。2003 年，农场（普通）产量占农业产量的 27%，小规模农场主占 50.4%。粮食生产主要以中型农场（43%）和大型公司（33%）为主，而在畜牧业生产中小型家庭农场发挥了主要作用。

尽管近年来农业投资增加，但投资仍较少，不能显著提升生产手段（占所有投资的 1.3% 至 1.5%）。加工过的农产品在农产品总量中的份额日益增长。农业和加工以及未加工食品对外贸易的贸易差额为正（2004 年为 21%），水果（41%）、石油和糖（约 100%）的进口水平较高。每公顷耕地的补贴为 14.6 美元（与此相比，加拿大为 83412 美元，欧盟为 1112 美元）。

对于森林的威胁包括自然因素和人为因素，以及森林管理系统的不稳定性。自然因素包括自然森林火灾、病虫害、洪水和滑坡，以及全球变暖引起的后果（林地含水量减少、个别森林树种生长条件发生变化以及其他）；人为因素包括建设道路和旅游基础设施、扩大农业用地，用于农业的河流排水，开发矿产资源等。此外，系统内森林管理机构频繁发生结构变化，缺乏长期的森林政策，且立法缺乏稳定性也应该值得注意。

对于上述森林的威胁应该特别注意以下几个方面：

（1）森林和生长条件的改变：自然因素和人为因素影响的原因。因此，在外伊犁阿拉套山，过去的 100~150 年中云杉带的下限升高了约 200 米，准噶尔阿拉套山上冷杉的下限升高了 100 米。在阿克苏河和马沙特河流域的塔拉斯山脉上，苹果、山楂以及某些地方的刺柏生态系统已经完全消失。准噶尔阿拉套山上果树面积的平均减少率达 0.6%，而外伊犁阿拉套山上果树面积的平均减少率仅为每年 1%。在沿河的沙漠地区，河岸林、漫滩林以及严重退化的梭梭林几乎完全消失的。

（2）外来物种的传播：在哈萨克斯坦这个问题尚未成为研究重点。然而，该问题确实存在并需要更多的关注。尤其是在 GEF/UNDP "哈萨克斯坦山区农业生物多样性就地保护" 项目（由 IESD 实施）的框架内对外伊犁山和准噶尔阿拉套山的果树森林的研究中，在该地区发现了具有改造和取代本地野生果树林群落潜力的 24 种外来木本植物（英国橡树、白桦、枫树、桦叶槭和其他）。

（3）污染：由工业中心、有害化学品企业、食品加工厂、农场动物、道路、未经批准的城市固体废物填埋（包括森林地区）的有害物质排放所致。例如，在南哈萨克斯坦州地区，奇姆肯特市附近的粉尘废料、水泥和磷酸盐工业转移到阿克苏 – 热巴格雷自然保护区的遗迹山地森林中。

（4）矿产资源开发、自然灾害、森林资源过度开采：用于满足当地经济的常见矿物提取需求的采石场；大型森林火灾和虫害，导致森林植被部分或完全消失以及物种变化；捕猎和伐木，导致森林区退化或完全消失。

（5）森林中农业活动扩大：森林牧场中过度放牧，导致自然植被退化、树木和灌木（特别是干旱林中）松动；在林地种植作物、园林和其他。

2. 林业对经济发展的贡献

2.1 森林和林地的经济和环境价值

该经济体的森林具有重要的资源和其他有用特性，例如：

（1）森林资源。木材资源、树脂和树汁、二级林资源、野果、坚果、蘑菇、浆果、药用植物和蔬菜的技术原料、蔬菜以及其他植物和动物源性产品，上述这些均可以在森林中进行积累和采集。

（2）森林的有用特性。在快速发展的经济体中具有典型的生态和社会意义的功能（释放氧气、碳封存、保护土壤免受水蚀和风蚀、使地表径流转移至地下、浴疗、气候调节和其他）。

根据哈萨克斯坦 2013 年初的经济林资源清查，经济体所拥有森林的资源和有用特性的总价值为 669717.998 亿坚戈，其中：

（1）经济林基金地区的木材资源成本（基于所售木材的基本支付率计算）为 3869.685 亿坚戈（0.6%）

（2）其他有用林产品成本为 5.848 亿坚戈（0.001%）。

（3）经济林基金地区的地块成本（基于当前土地支付率计算）为 3526.207 亿坚戈（0.5%）。

（4）环境成本（森林的保健功能）为 662316.258 亿坚戈（98.9%）。

根据哈萨克斯坦森林评估结果，森林的作用远比其作为"公共产品"来源的作用重要得多。主要地区具有以下森林类别：以田地和土壤功能为主的森林（79.0%）和特别保护区森林（12.8%）。此外，还有一些其他森林类别。例如，具有重要的保护价值的森林，诸如抗侵蚀森林（3.6%），具有科学价值的河流、湖泊、水库和其他水体沿岸的禁带（2.7%），特别珍贵的林区、果树种植场、经济保护森林带、城市森林和森林公园、定居点和疗养机构的绿化带（1.1%）和其他。

然而，在评估哈萨克斯坦森林的经济作用时，未考虑此贡献。仅考虑天然森林对于经济体 GDP 的贡献，据估算约占该济体 GDP 的 0.01%~0.02%。

在哈萨克斯坦获得主权之后，哈萨克斯坦的森林部门面临着一系列的环境、社会和经济问题。由于不可持续的森林利用方式对天然林的不利影响、过去几年严重森林火灾的后果以及日益加剧的气候变化的影响，发生了毁林现象并且降低了人工林的生产能力。由于哈萨克斯坦正处于转型的困难时期，形势极为严峻。该经济体一直存在森林管理和森林科学资金不足的问题，以至于其再造林和森林管理活动的数量大量减少。不仅一部分苗圃区和基础设施遭受损失和技术基础更新停滞，而且森林管理和森林管理规划系统遭到破坏和一批林业专家流失。

森林管理系统的体制改革和变革以及行业立法框架的改善有助于克服其中的一些问题。全国性和区域性机构之间采取了权力下放和权力分立的方法。改变了森林资源的使用权。例如，通过竞争方式将林业和一些其他类型森林的使用权转让给从事长期森林管理的用户。随着经济的发展，有必要创建私营森林部门，并且对私营森林所有者的经济支持进行立法。

然而，森林管理系统中的转型问题并未完全克服，尚需政府的大力支持和合作伙伴的帮助，从而完全克服这些问题并推动该产业的进一步发展。

2.2 林业的扶持与投资

《哈萨克斯坦共和国森林法典》确定了经济林基金中森林管理成本的以下资金来源：

（1）预算（经济预算）。

（2）有偿服务和林产品设施运营。

（3）森林用户的财产。

（4）个人和法人实体的自愿出资和捐款。

（5）哈萨克斯坦共和国立法未禁止的其他资金来源。

主要和最稳定的资金来源是经济预算。经济预算必须严格管控并且只能用于以下方面：

（1）森林管理、森林基金的经济登记、经济林地籍统计、经济林监控。

（2）保护森林免受火灾和病虫害影响的空中作业。

（3）森林基金保护和使用、再造林以及造林领域的研究、设计和开发工作。

（4）林业育种和种子生产领域，包括永久性种子的培育和经森林认证种子的生产。

（5）特别危险的病虫害的森林害虫监控及其防治。

（6）林业和狩猎的培训和技巧开发。

（7）经森林管理许可的生产。

（8）由授权机构、各州的地方执行机构、共和国的城市、首都和其他经济机构依照其职能进行管理的以下经济林基金领域的活动：保护森林免受火灾、未经授权的伐木和其他违反哈萨克斯坦森林法律行为的影响，保护森林免受病虫害侵害；再造林和造林；森林道路的建设和维护，森林消防配置；林业工程；进行采伐区的疏伐和卫生伐、分配和征税；保护、维护、再造林和造林方面的资本投资。

（9）在建造和开发私人森林苗圃时，对快速生长树木和灌木的种植场栽培费用的补偿。

2015 年，已从经济预算中拨款约 159.20 亿坚戈用于林业，所制定预算的总额约 158.95 亿坚戈，占该拨款的 99.8%。2016 年，为该委员会提供的资金约 157.16 亿坚戈。

第二个重要的资金来源是森林机构的特殊账户中的自有资金，该自有资金的获得由森林机构通过提供以下类型有偿服务：

（1）为定居点的景观美化栽培种植材料、采集森林种子、建造温室、保护性种植场和其他种植场、为学生进行实训。

（2）销售通过间伐和其他采伐方法获得的木材加工所得的商品和产品，包括居民燃料以及由森林利用所产生的副产品和木材加工服务。

（3）在森林机构的地域内向公众提供货物的运输服务。

（4）根据与森林管理者和其他人达成的协议，将经济林基金土地上的再造林转让给木材的长期森林管理部门进行实施。

这些资金每年的总量超过 1.11 万亿坚戈。根据哈萨克斯坦共和国的预算立法，可以为了与保护、养护、再造林和造林以及二级森林使用相关的目的而严格使用这些资金。

另一个真正的资金来源是由国际机构拨款用于实施与森林和生物多样性保护相关项目。订单补助金（补助金相关）还提供占国家预算一定百分比的额外捐款，用于实施这些项目。拨款数额取决于在该经济体中正在进行的项目的实用性。

2.3　森林作为改善当地人口社会经济条件的手段

在哈萨克斯坦约 250 万人口住在森林中或森林附近。其中约 30 万人口直接依赖于林业生存。他们利用森林地区获得食物产品和动物饲料、建筑材料、薪材，并将其用于商业、休闲、娱乐等用途。

经济林所有者（森林机构）正在实施当地人口参与间伐和其他采伐方式以获得木材的政策。此外，还可以通过清理杂枝免费获得薪材。

部分农村人口为了使用森林特别许可证（森林票）而使用部分经济林基金。例如，固定区域的个人牧牛和移动养蜂场，种植蔬菜、瓜类、马铃薯、果园以及使用莫如拉沃凯斯科地区的农场。

由于大多数森林机构位于农村地区或与世隔绝的森林村庄，他们是当地居民的主要雇主之一，给居民们提供了照看森林苗圃、森林培育、季节性森林火灾看护和其他类型的工作。

寻找有效的方法和工具整合当地群落与林业主管部门是社会和经济分析的主要任务之一，因此有必要在哈萨克斯坦进行此类分析。

3. 林业政策与法律

3.1 林业政策与制度框架

林业是哈萨克斯坦现代混合经济的分支之一，并且以经济发展的战略文件为指导。

近年来通过的最重要战略文件如下：

（1）"哈萨克斯坦——2050"战略：已成立经济体的新政策（由哈萨克斯坦共和国总统国家领导人努尔苏丹·纳扎尔巴耶夫于 2012 年 12 月 15 日宣布，消息来源哈萨克斯坦人民）。

（2）哈萨克斯坦成为世界前 30 个最发达经济体之一的构想，经 2014 年 1 月 13 日第 732 号总统令批准。

（3）哈萨克斯坦共和国向"绿色经济"过渡的构想，经 2013 年 5 月 30 日第 577 号哈萨克斯坦总统令批准。

（4）2020 年哈萨克斯坦创新发展的构想，经 2013 年 4 月 6 日第 579 号总统令批准。

（5）2020 年哈萨克斯坦发展的战略计划，经 2010 年 1 月 2 日第 922 号总统令批准。

（6）2020 年国家空间发展的预测计划，经 2011 年 1 月 7 日第 118 号总统令批准。

（7）哈萨克斯坦共和国 2013~2020 年农工联合企业发展计划"农业企业——2020"确立了经济体各部门发展的最重要战略方向和政策框架。

多年来哈萨克斯坦共和国政府已经批准了一些部门中期计划，这些计划根据每个 3~5 年发展阶段的个别目标设定和活动确定。

由于近年来许多经济体森林管理机构重组，该经济体中的特殊长期森林政策尚未被采纳。

在这方面，哈萨克斯坦的土地关系是一个非常有趣和热门的问题。土地关系的对象是哈萨克斯坦共和国领土内的所有土地，包括所有单个地块，无论其所处的位置以及个人主体的法律基础、土地权和土地比例如何。哈萨克斯坦共和国公布了一些立法法案，旨在确定以下各项创建、变更和终止土地所有权和土地使用权的根据、条件和限制；土地所有者和使用者行使权利和履行责任的程序；为确保合理利用和保护土地、保持土壤肥力、保护个人、法人实体和经济体的土地权的土地使用规则；真正经济市场的创建和发展；土地关系范围内的法律规则。现今，对土地法进行了修正并且采用哈萨克斯坦土地租金延期偿付制度（直至 2021 年）。

采用的法律框架确保了林业政策领域战略方向的实施。规范森林部门活动的主要立法法案包括《哈萨克斯坦共和国森林法典》《哈萨克斯坦共和国土地法》《哈萨克斯坦共和国水法》《哈萨克斯坦共和国预算和税法》《哈萨克斯坦共和国刑法和决典》中针对"SPNA"和"野生动物保护、繁殖和利用"的行政违法行为的部分。通过规定关于森林管理机构和森林使用者的个别区域和活动实施的规则、程序和指导方针，哈萨克斯坦政府和经授权的林业机构制定的这些法律通过了100多项条例。这些监管法案的副本可在经济体法律信息公共互联网网站 http://adilet.zan.kz（哈萨克文）或 http://adilet.zan.kz/rus（大多数文件是俄文但一些规范性法案也有英文版）上获得。

根据经济管理体制的整体改革，实施了行业的重大制度变革，即由于权力下放政策，林业机构被直接转移到各地区的管辖下；实施森林管理差异化原则控制所获得木材的砍伐和加工的职能和特征（后者移交商业部门管理）；安排执行经济调控和森林监督的职能；引入建立私人森林基金的概念和程序，批准将其作为支持私营森林所有者和管理者的措施；在建造和开发私人森林苗圃时，制定对快速生长树木和灌木的种植场栽培费用的补偿规则；形成森林资源清单；为了保护针叶林和梭梭林，引入10年期暂停砍伐制度，以稳定这些植物的整体安全性和状态（将梭梭林暂停砍伐禁令延长至2018年年底）；上调林木的伐龄；首次引入关于提供长期森林管理经济林基金土地上森林资源的投标组织和实行体系；制定并批准除检疫物种以外危险病虫害防治的规则清单;恢复森林苗圃网络并稳定增加再造林，增加种子的培育、生产以及选择对象的数量；实施种子分区制；加强控制措施，大幅减少森林火灾面积。依照现行《哈萨克斯坦共和国森林法典》的森林相关方面内容进行了相应的修订，并且将其与哈萨克斯坦共和国的立法法案以及一系列附则相关联。

它形成了一种新的行业制度结构。

（1）在国家层面：哈萨克斯坦共和国农业部林业和野生生物委员会及其附属的14个州地方管辖区。提供林业组织工作的部门包括哈萨克斯坦共和国森林种子局（具有监督功能，负责森林种子的质量评估、育种审批和种子认证）、哈萨克森林调查企业、国家森林育种中心（具有地区分支网络）、哈萨克航空森林保护和林业维护基地。

（2）在地区层面：全国123家具有森林保护、看护和繁育的服务点和办事处的林业机构（林业企业），包括森林消防站和森林苗圃。

非营利性股份公司哈萨克斯坦农业部"国家农业研究和教育中心"主要为林业提供科学技术方面的支持，其设立了一个专业的研究机构"哈萨克森林和农林业研究所"。

3.2 短期和长期林业发展规划

林业计划基于哈萨克斯坦共和国总统批准的经济规划体系。该林业计划包括三级文件：①确定经济发展的长期愿景的文件，涉及一些主要优先事项和指导方针（经济体的政策和战略发展计划、计划方案等）；②确定领域、部门的发展战略的文件（社会经济发展中期展望、公共和政府计划）；③管理关于实现一级和二级经济规划系统的文件（政府机构中期战略计划、发展方案和其他领域）。针对每个目标等级，制定了相应的文件指标。

现行的林业发展计划尚不完善，政府正在为哈萨克斯坦的经济林业部门制定2030年前发展计划。

当进行预算的规划和制定时，林业部门的预算草案应该作为2014~2018年期间哈萨克斯坦共和国农业部中期战略计划的基本指标。2014~2015年计划成果的主要指标包括再造林和造林面积、森林火灾的平均面积和非法砍伐案件的平均数量。

实现规定业绩的主要活动包括开展森林管理活动；确保接收具有改良遗传素质的种植材料；提供专业质量的森林种子；进行森林健康评估；形成、注册和认证种子基地对象及其内容；实施林业工程；在共和国的经济林基金地域内进行飞机巡逻；执行森林基金地域内的消防任务。

在2016~2018年期间，战略规划指标进行了适当的调整。该战略规划指标确定了以下优先领域：经济林基金地域内的森林管理；保护森林资源的空中作业；再造林和造林；人工培育植物对象和森林设计。林业的目标指标设定为"土地的森林覆盖面积"。

预算请求是根据支持共和国和地方预算支出数额所需资源的数量和财务信息提出的。预算请求也应该考虑到了与履行公共职能、权力、维护经济体结构、提供公共服务（根据目前的服务名册）、执行必要的措施以及资本支出和新举措支出有关的永久性费用。

林业公共机构和具有法人实体地位的公共森林所有者（ESPN）活动规划的基础是公共森林控股机构的森林管理计划，该森林管理计划已通过经济体的环境审查并且经由哈萨克斯坦共和国农业部林业和野生生物委员会批准。

在批准经济预算和提供经费的活动数量的主要指标以及自有基金的绩效和数量后，应该公布森林企业和具有法人实体地位的自然保护区的花费，确保林业组织正常运转。这些预算基金的开支由哈萨克斯坦共和国农业部林业和野生生物委员会（国家预算）和州（地区预算）以及财务管理机构进行管控。

3.3 林业的历史和未来

在前苏联时期，与林业有关的经济政策以及森林的保护、恢复和可持续利用的基本职能是确保森林和木材工业的原材料需求以及农业支持。这部分林地在长期森林管理中一直被作为木材部门的森林原材料基地（主要在该地区的东哈萨克斯坦州）加以保护。一些林地（主要在经济体南部）被用作牧场集体和经济农场。经济体内采伐的适销木材总量不能满足经济体的需要。因此，俄罗斯联邦规定木材基地将每年收获木材的约 80%~85% 专门分配给共和国的一些部门。

随着经济体的独立和市场经济的确立，经济财产大规模私有化，改变了生产结构。私有化也影响了林业部门。先前的林业加工厂、车间被分配给独立的经济结构，随后被私有化或关闭。林业失去了自给自足的重要来源，在这些工厂的农村人口失去了工作。根据哈萨克斯坦共和国宪法，国家基金的森林和土地归国家所有，大多数集体林和被租赁的林地被归还给林业。林业工作的改变导致森林失去了某些职能。随着森林管理的进一步加强，其控制和监测职能也随之丧失。

在改革的后期阶段实行了森林管理权下放，森林管理职能也从在林业领域内经授权的共和国政府机构转移至区域行政机构阿克么特斯（地方行政当局）。目前，森林管理的基本组成部分是阿克么特斯地区管辖下的经济体林业机构。

在经济体中对森林进行经济控制和监管的总体管理和实施委托给哈萨克斯坦共和国农业部林业和野生生物委员会及其国土部门。该委员会还受委托建立林业规范性法律基础。所有森林管理等级的职能和权限都受到现行立法的监管。

根据对森林资源所有权的态度，该立法引入群系规则作为公共和私有林地、私有森林体系的补充。

由于国际社会通过"21 世纪议程"和"森林原则"（里约热内卢，1992 年），千年首脑会议（2000 年，纽约）和可持续发展问题世界首脑会议（约翰内斯堡，2002 年），哈萨克斯坦共和国政府更加关注经济的可持续发展问题，尤其是林业部门关于森林生态系统可持续性的恢复以及森林资源的自我调节和可持续利用的可能性。

随着该经济体的经济实力增强，政府增加了对林业的支持和公共资金。政府有可能会启动森林公园的技术更新，开始重建几乎损失殆尽的苗圃基地，从而确保再造林的年生长量。但是，与前苏联时期对林业的拨款相比，这些资金并不充足。然而，经济体中最不充足的资金则是森林工人的工资和他们的社会保障资金。

今后，必须更新（修订）长期（直至 2050 年）林业发展的政策目标，重点如下 :

（1）为后代保护森林和进一步增加经济体的森林覆盖率。

（2）提高森林生态系统的可持续性以应对气候变化和其他不利影响。

（3）增加研究和创新作为行业技术发展的基础。

（4）加强广泛的部门间合作和公私合作伙伴关系的发展。

（5）增加公众参与和所有利益相关者参与管理机制的利用，包括性别层面。

（6）加强私有林的发展和私有林管理。

（7）积极参与提高食品和生物安全水平和壮大经济体的经济。

（8）进行制度体系建设和人力资源开发建设。

（9）鉴于林业行业所面临的新挑战和机遇，实施森林政策的定期监测、评估和调整。

4. 森林可持续管理的最佳实践

考虑到哈萨克斯坦森林保护功能的特殊重要性，建议继续保持这些针对稳定性的控制功能，从而实现以下目的。

4.1 水土保持防护

就这方面而言，经济体的土地退化和缺水是在山区的集水区和沿河及其他内陆水体的水保护林带进行造林和再造林、恢复和加强对经济体的河岸林和漫滩林的保护的重要原因。此外，有必要恢复在前苏联时期进行的山坡植物林业改良以防止山坡土壤受冲刷和山间溪流受污染。此前已经针对大约 40 万公顷的区域内沿水文网种植人工林的大概数量进行了评估。计划在总面积 770 万公顷的区域内调查水体的集水区。应该进一步弄清楚这些活动的数量。第一阶段造林地可能会选择在黑额尔齐斯和乌拉尔河流域的集水区进行。

4.2 防治荒漠化

目前，在经济体中的咸海地区开展的防治荒漠化行动正在积极进行之中。借助于植树造林，采用沙子固定咸海底部的水流失区，从而减少灰尘的扩散和盐补偿的发生。通过种植和播种梭梭来开展此项工作。

在多年的发展过程中，棉花作物灌溉用水几乎全部来自于阿姆河（咸海的主要水源）。自 1960 年初以来，咸海海平面已经降低了 20 多米，水盐度增至原来的 3 倍。风除盐和地下水位下降导致了一个拥有 3000 万人口的广大地区的气候、盐渍化和土壤退化情况的急剧恶化。

归因于哈萨克斯坦于 2005 年在北部咸海和南部咸海之间建立了科卡拉尔桥，哈萨克段海域（小咸海）情况略有改善：水位显著升高（达 42 米）；总地来说，平均盐度呈小幅下降趋势，微生物恢复、渔业复兴（2015 年鱼产量超过 8000 坚戈）。然而，继续进行在干燥海床上的造林活动，并将该造林活动与哈萨克段海域的恢复相结合，这将有助于改善该地区的生态环境、人民生活水平和经济发展。

4.3 退化农地的保护与恢复

一个重要方面是重建和发展野外保护造林和牧场体系。在 1 世纪卜半叶，林业曾花费农业用地经济预算在面积约 35 万公顷的草地上建立了完整的防护林带和保护性种植场体系。在引入农业用地私人所有制之后，这些带有耕地的保护性种植场已经被转让给新的所有者。由于所有者缺乏资金，原种植场的核算和造林护理以及新种植场的建造目前尚未进行。此外，由于积雪减少了土壤的水分蒸发和植物的蒸腾，哈萨克斯坦的作物产量有所增加，如谷类作物的产量增加了 2.6~3.2 公斤 / 公顷，蔬菜、土豆、饲料植物、水果和浆果的产量增加了 24%~32%（阿拉木图的 M.E.Vasiliev 森林开垦和作物产量：卡尔亚纳，1980 年）。

估计需要建立 90 万公顷的防护林带和 20 万公顷的草地。

目前，正在考虑采取综合办法，在共和国农业用地上建立保护性种植体系——逐步形成所说的农林间作景观。为此，哈萨克斯坦林业和农林间作研究机构编制了相应的科学依据。例如，改进农林间作分区原则，在森林草原、草原和半沙漠地区划分了 26 个新的农林间作区和 15 个分区，提供了品种清单和防护林带的技术创新及维护，调查森林带在改变受其保护区域的水文状况中的作用，针对主要文化群体以及保护性种植场的自然区和年龄，限定因改善森林带的影响而产生的标准产量增加。

4.4 盐渍化控制

咸海是世界上四大内陆水域之一。但是，由于过度抽取河流水资源用于灌溉以及整个流域的水资源管理不力，咸海的水资源日益减少，已不及原有规模的三分之一。

20 世纪 50 年代，大量灌溉地的集约使用导致锡尔河和阿姆河的水位降低。影响咸海流域水平衡的主要因素是卡拉库姆运河的建设，其清除了阿姆河大约 50% 的水。其他水损失是由于为避免农业和城市地区洪水泛滥，将大量的水从锡尔河引入了沙漠洼地。另一个原因是锡尔河流量的动态变化：夏季由于高山积雪融化形成自然高潮水，以及冬季由于托克托古尔水库放水发电而形成最高潮水。需紧急放水的最关键的地区是乌兹别克斯坦的艾达尔－阿纳西湖的湖泊体系，该湖泊的水现在即将溢出，将会对基础设施造成破坏并造成灌溉地的排水问题。

海平面下降导致少部分的北方海域和大部分的南方海域分为东西两小部分深海区。

咸海北部的水平衡为正，并且稳定保持在海平面 38 米以上，比 20 世纪 50 年代的海平面低约 17 米。咸海北部和咸海南部之间的水坝建设将会提升咸海北部的水位至 42 米。咸海南部主要由咸海北部供给水资源，而由阿姆河流入的水仅限于少量地表水。近期大坝合拢将导致南部海平面迅速下降。几年后，过剩水量将会被引向咸海南部，这将降低干燥速度。

供水与蒸发之间的不平衡导致盐度从 10 克 / 升增至 46 克 / 升。如今仅在咸海北部能够发现鱼类，而咸海南部的水生生物多样性则仅限于一些耐盐生物。先前湖床的大片土地变干（在 1960~2003 年间，66500 平方千米的土地中有 38500 平方千米的土地变干）。虽然先前湖床的土地在 20 世纪 70 年代和 80 年代开始干涸，但其已具有良好的植被覆盖，一部分已经变干的湖底被多年生植物大面积覆盖。湖床大范围地覆盖着沙子、盐沼和盐结皮。由于运输以及风沥的原因，砂粒中已含有少量可溶盐类。相反，粉砂颗粒中通常含有高盐分，尤其是在地下水接近表面之处。砂质土自然而然地相对较快地长满多年生植物。一些地方的移动沙地覆盖在高盐分土壤上，从而防止盐尘的进一步侵蚀并且为植物的发芽创造更佳的条件。

下降的海平面影响地下水的水位和锡尔河流域的侵蚀。这种情况导致位于该河三角洲的湿地干涸。虽然无任何证据，但经常提及在咸海底部的沉积岩中存在高浓度农药。然而，毒性很强的盐类会沉积这些农药。测定侵蚀咸海干涸湖底盐尘的年总量的计算结果大不相同，最常见的计算结果为 45 万吨。这种盐尘分布面积很广，因此难以衡量盐尘沉降所造成的影响，并且所测得数据的可靠性极低。盐尘分布范围广，从而降低了盐尘的浓度。此外，考虑到其他一些影响因素，盐尘不太可能造成大范围的严重损害。

为了减少风蚀以及源自干涸湖床的盐尘所导致的后续的空气污染，必须在咸海干涸的湖床上营造防护林。再造林的首选植物是梭梭，因为梭梭能够在低盐底质中生长，并且梭梭的采种、繁殖和种植技术均可获得。种植梭梭对于减少咸海干涸湖底产生的盐尘有着显著影响，能够改善受影响地区当地居民的健康，降低农业用地的盐度，从而提高土地的生产力。随着自然种属的出现，定居点附近种植的树木有助于木材生产、流动沙丘控制和牧场改良。

当前，遏制沙尘暴和盐尘暴最有效的措施之一是在咸海干涸的湖底实施森林植物改良。由于 20 世纪 80 年代在干涸湖底实施的森林植物改良行动，克孜勒奥尔达地区的林业机构允许在 5.4 万公顷的土地上建造梭梭种植园。

2015 年，克孜勒奥尔达州的自然资源和野生动物管理规划办公室已完成 4000 公顷土地上的梭梭种植，并且在林木成活率仅为 46% 的 1000 公顷土地上完成设场。

2008~2014 年期间，通过 WB/GEF "哈萨克斯坦共和国保护森林和增加森林覆盖率"项目，在咸海干涸湖底 5.65 万公顷土地上建造了农林复合经营种植园。

2013 年，受委托在卡扎林斯克地区设立了带有一个研究站的森林苗圃综合区（32公顷），梭梭幼苗的年产量高达 400 万单株。该研究站配备了用于种子分析和其他研究的现代设备。该苗圃能够实现咸海干涸湖底地区的种植园逐年增加。

4.5 森林火灾与病虫害防治

森林火灾对于森林最具破坏性。森林火灾最常发生在最具价值的针叶树种植园。受森林火灾影响最严重的是额尔齐斯河遗迹松林带。在过去 20 年里，森林火灾已经毁坏了额尔齐斯河松林带 15 万公顷以上的森林（占额尔齐斯河松林带覆盖面积的 32%）。由于自 2003 以来采取的经济措施，939.3 万公顷土地上的额尔齐斯河松林带变更为特别保护自然区（已建立经济林自然保护区 "奥么尼之家" 和 "阿提斯奥么尼"）。在 WB/GEF试点项目框架下，已经安装了探测森林火灾的光学传感器系统《菲尔德观察》在 9 个火灾观测塔上以及雷暴系统（闪电探测），并且建立了 8 个装备齐全的森林防火站和 11 个火灾观测塔。为了再造林以及恢复前几年烧毁的林木，现代移植苗圃区投入运行。目前，该现代移植苗圃区普遍配备防火安全设施，并且已经开展了大量的再造林工作。

该经济体着手在特定项目中大规模使用森林防火设备。然而，由于缺乏预算拨款，此项工作的进展极为缓慢。

为了加强对森林火灾的监测和提高未来火灾发生集中地区的猝灭率，计划增加空中森林消防中心任务的面积和多样性，考虑建立一个森林火灾飞机工业园用于监测卫星遥感系统的使用情况。

病虫害能够对森林造成严重损害。防治森林害虫优先采用综合防治方法（包括使用昆虫病原真菌和生物制剂）。为此，设计了一份在 "西么尼奥么尼" 自然保护区内建设的繁殖昆虫病原真菌的实验生物实验室的草图，预计该实验室在未来几年内即可建成。未来，该经济体需要建立一个适应区域林业主管部门需求的生物实验室网络。

某综合部门正在开展对病虫害集中地区的监测。前苏联时期在该经济体内设立的森林保护服务部门现已不复存在，森林保护方面的专家严重短缺。虽然当前已经提出了恢复森林保护服务这一严峻问题，但是迄今为止其仅处于讨论阶段。

4.6　生物多样性保护

哈萨克斯坦森林是为不同植物和动物物种提供生存环境和保护的正常自然环境。简单来说，80% 以上的植物物种以及 75% 的动物物种不同程度上与森林相关。

哈萨克斯坦的现代植物区系中，总共有 68 种乔木，266 种灌木，433 种矮灌木，2598 种多年生植物和 849 种一年生植物。作为森林植被的一部分，特有物种共有 24 种，具有高度特有性 (14%)。

对于某些类型的森林植被（欧洲赤松、西伯利亚冷杉、落叶松等）而言，哈萨克斯坦领土是其自然分布区的南部边界，而对于其他一些植被（雪岭云杉、某些种类的刺柏、朴树、胡桃、阿月浑子等）而言，哈萨克斯坦领土则是其自然分布区的最北部边界，存在于那些具有遗传特性（耐寒性、抗寒性、对其他因素的抗性等）的自然群体中。

特殊的野生物种群体涉及生物多样性。其中一些野生物种是某些农业品种的原种（塞威氏苹果 – 新疆野苹果、杏 – 仁用杏等），对于人类而言具有全球重要性；其他一些近缘种也已经用于选种或与未来的育种存在潜在相关性。最近外国科学家的研究发现，野生塞威氏苹果的基因几乎涵盖该作物的所有现代有效商业品种。

哈萨克斯坦有 10 种红醋栗和海醋栗，这可能有助于增加园艺中的作物利用。由野生沙棘产生了 15 个栽培变种，包括一些没有刺的栽培变种。

具有市场前景的遗传资源包括胡桃、开心果、普通杏仁、梨和酿酒葡萄。

为了保存哈萨克斯坦森林的植被多样性，突出显示了森林类别，据此确定了一种特殊的森林管理制度，例如：

（1）SPNA 森林（12 个国家森林公园、10 个自然保护区、5 个自然保护区等共计 641.55 万公顷）。

（2）具有科学价值的森林（500 公顷）。

（3）特别珍贵的森林区（1.32 万公顷）。

（4）森林水果种植场（7300 公顷）。

在总面积为 7.77 万公顷土地上进行网络选择和基因设施建设，其中 50%（7.65 万公顷）为森林遗传资源储备。在这些基因设施中保存了欧洲赤松、西伯利亚落叶松、桦树、西伯利亚云杉、雪岭云杉、黑梭梭、英国橡树、西伯利亚冷杉、胡桃、塞威氏苹果和杏的天然基因库。

为了维护和改进育种和种子生产设施，在共和国林业体系的育种和基因资源基地中建立了一个全国森林育种中心。

4.7 退化林恢复

额尔齐斯河松林带属于哈萨克斯坦独特的天然森林综合体。额尔齐斯河松林带的保护无疑是经济体林业最重要的任务之一。

带状森林：草原景观的一个重要部分，也是生物圈的重要组成部分。这些森林的主要特征是树种结构较差、完整性较低、缺乏成熟的林下植被替代物，以及可再生能力较低。这使得松林带容易受到各种不利的自然和人为因素的影响，例如森林火灾频繁发生，大量咀嚼针叶树昆虫的大面积的爆发，以及植物根茎和一些附生植物受到森林病害的影响。

额尔齐斯河松林带的生物多样性保护被视为 2003 年的重点工作，并建立了以下经济林自然保护区:巴甫洛达尔区的"额提克奥么尼"和东哈萨克斯坦区的"奥么尼之家"。

由于生长在极端的干旱气候条件下，带状森林中会定期发生许多大型火灾，从而破坏了这些森林的生物多样性。近年来，在 100 多公顷的额尔齐斯河松林带中发生了多起森林火灾。因此，在 1997~2006 年期间，额尔齐斯河松林带中的大火烧毁了约 16 万公顷老龄林，需要较长时间才能复原。

除了森林火灾之外，掠夺性的未授权伐木也会对松林造成极大危害。数万立方米生长状况和生产力最佳的树木被砍伐，这显著降低了树木的宝贵遗传质量，且残留物使森林变得杂乱。

由于森林的生长条件艰苦，林业工人需要付出大量努力来保护这些森林。由于人工更新和造林，因此更难在此处开展工作。目前，依照烧毁林区的人工和自然更新方法进行维护。保护区自从成立以来一直在面积超过 5.7 万公顷的土地上进行林业再生产。

额尔齐斯河森林带的发展和保护是 2008~2014 年期间实施的 WB/GEF "哈萨克斯坦共和国保护森林和增加森林覆盖率"项目的主要组成部分之一。

"综合森林苗圃和林种站"框架是一个采用瑞典技术的项目，旨在解决遗迹森林的加速复原问题。购置和安装设备的总成本为 125.7 万坚戈。

在中亚没有类似的综合体。

森林综合体的独特性在于其能够实现具有封闭根系的松树标准种植材料的生长速

度 2~3 倍的提升，在春季和秋季均可种植，目的是缩短烧毁林的复原时间。

采用瑞典技术能够缩短种植材料的生长时间达 2 倍；此外，通过新技术的应用能够增加造林的持续时间。这种技术的应用能够完全消除对根系的损害，并且能够在种植时实现 100% 的幼苗存活率。

综合体的生产能力能够实现森林全年种植植物材料约为 300 万株，春季和秋季均可进行种植。未来，这些幼苗将被用于种植"奥么尼之家"和"阿提斯奥么尼"森林自然保护区的人工林。

4.8　森林和非林产品的综合利用

根据《哈萨克斯坦共和国森林法典》第三条，森林立法的原则之一是多用途利用森林。如上所述，哈萨克斯坦立法提供了针对经济林基金土地的8种森林管理类型。此外，每种利用类型（伐木、附带使用等）需单独授予森林管理权。在授予经济林基金土地上森林资源的长期管理权时，针对该等权利的森林招标仅适用于一种利用类型。获得长期森林管理权（例如，砍伐权）后，用户可在必要时按照短期使用的顺序收到关于执行不同种类森林管理活动的年度决议（例如，进行割草或放牧、实施生态旅游等）。此程序的目的是确保获得更准确的经济体森林管理说明，并在国家预算中针对各种类型的森林管理收取适当费用。

此外，有关森林资源综合利用的问题，可以考虑转让所有森林资源的长期森林管理权（森林机构的结构细分），因为该结构中可能存在计算森林所需的森林管理资料。这将需要制定一个综合森林管理的特殊机制，并且在林业立法中制定适当的标准。

为了保护森林，哈萨克斯坦政府已经禁止将所有类型的木材出口至国外，并且也禁止在经济林基金土地上的针叶树和梭梭种植场进行砍伐。政府已经通过了《哈萨克斯坦共和国新森林法典》并且新推出了"Zhasyl el"计划。根据该新法典和计划，政府将会在城市和其他定居点进行绿化工作并且在阿斯塔纳周围建造绿化带。

目前，森林工业尚未得到充分发展，其重点仍然停留在工业用材的初级加工阶段，主要是充分利用小型木材和人工工业用材林生产，挤压建筑产品。

5. 林业教育与科研

5.1 林业教育组织

哈萨克斯坦的森林教育可以追溯到 1898 年。第一所森林学校是一所低级森林学校，当时位于博罗沃厄地带的鄂木斯克市（现在的阿克莫拉州休钦斯克地区）。该学校于 1924 年改组为波尔森林学院，后来合并入环境和林业学院。

第二所森林学校于 1948 年在列宁诺戈尔斯克（现在是东哈萨克斯坦州里德市）开设。1995 年，该学校正式更名为列宁诺戈尔斯克森林学院。1997 年，通过与列宁诺戈尔斯克矿业学院合并，列宁诺戈尔斯克森林学院改组为里德农业技术学院的一部分。

专业高等林业教育始于 1948 年，当时仅哈萨克斯坦农业研究所（阿拉木图）林业学院的一部分对外开放。

因此，哈萨克斯坦林业教育的传统和经验已经具有 100 多年的历史。

目前，在经济体中 35 所学校具有培训林业和狩猎专业人员的许可证，包括 8 所公立高等教育机构、24 所中等专业教育机构和 3 所职业学校。应该注意的是，其中一些机构的后勤和教育基础薄弱。其特殊学科的教育计划常常不能满足当今的要求，这一点通过他们的培训质量能够看得出来。在一些开设林业教育科目和森林狩猎管理和规划课程的高等教育机构中，有时参与课程的学生人数仅仅 1~10 名。

今天，现有的林业专业人员培训体系需要在拥有现代的物质和教育基础的大学和学院的基础上进行优化和集中，并且还需要高素质的教师队伍。

根据经济体的总统决议，2017 年哈萨克斯坦的各个学院将会引入免费教育。在高等教育机构中，采用助学金方式提供免费和有偿培训。在过去 8 年中，已为林业和狩猎高等教育划拨了 975 份助学金。助学金将颁发给在全国统一招生考试框架中获得所需分数的大学新生。学生必须为从事"森林资源和林业"和"狩猎研究与毛皮动物养殖"领域做好准备。应学生的要求，学生们可能会到一些独联体国家和独联体之外的其他国家学习相关知识。这些学校的入学程序由每个此类经济体确定。

以隶属于哈萨克斯坦共和国教育和科学部以及哈萨克斯坦共和国农业部的一些研究所和高等教育机构以及经济环境机构的研究部门为代表进行哈萨克斯坦的森林研究。

哈萨克斯坦森林和农林业研究所（KazRIFA）是一个领先的森林科学中心，隶属于哈萨克斯坦共和国农业部非营利股份公司"国家农业研究和教育中心"。值得注意的是，在过去 20 年中，哈萨克斯坦森林和农林业研究所已经开发并登记了 9 种适于森林生长的松树，并且提供了关于在干涸的咸海海底区域实施植物林业改良的基本造林物种种植材料的培育技术的建议和技术文件，在保护森林免受火灾和病虫害损害、森林采伐和其他技术方面发挥作用。

值得注意的是，目前已经建立两个生物技术实验室（休钦斯克和阿拉木图）的共和国森林育种中心，专门研究桦树、山杨和塞威氏苹果木本物种的克隆微繁技术的开发和利用。

5.2 技术能力现状

如上所述，经济体中主要的林业机构包括在哈萨克斯坦共和国农业部林业和野生生物委员会和区域组织（森林机构和区域性保护区）管辖范围内的共和国组织（森林结构和经济地位的 SNPA），隶属于奥博拉丝特阿克么特。同时，在森林机构和非经济森林所有者所拥有的森林的保护、繁殖和利用方面发挥主要作用。

森林机构的后勤工作由区域执行机构进行，由这些机构的地方（区域）预算和特别基金支付费用。但是，同水平预算区域与同一经济体和区域的经济发展不相关。这取决于森林机构的预算资金水平以及其他的材料和技术基础的经济情况。目前，由于缺乏资金，拥有许多森林设备和特殊设备的机构不符合哈萨克斯坦共和国农业部批准的规范和标准。在某些地区，此种情况已经导致其发展的严重失衡，从而降低了旨在保护森林生态系统的综合重大行动的有效性，并且减小了再造林和造林工作的范围。

截至 2014 年 1 月 1 日，11080 名工人受雇于林业部门和保护区，包括森林机构 7650 人（69%）和环境机构 3430 人（31%）。人数最多的雇员类别是经济林护林员。

林业工人和环境保护机构的专业教育分析显示，接受过专业教育的专业人员的数量仅占 33%，包括高等教育 10% 及中等专业教育 23%。在非核心职能中，接受过高等教育的员工数量仅占 13%。

只有少数从林业大学毕业的专业人员不愿在林业行业工作，而是在林业系统中工作。主要原因包括工资收入低、社会认可度低、住房问题、工作场所的技术设备较差以及远离文化中心。

对于经营专业人员，尚无培训系统作为专业和职业成长的基础。在前苏联时期，行业培训机构在行业中发挥作用，但后来这些行业培训机构被废除了。目前，恢复林业部门的管理人员和专业人员的行业培训系统的问题已重新提上议程。

框架的问题与森林研究相关。大量青年科学家从林业行业内流失，主要原因是工资水平低、研究材料和技术基础过时。

5.3 关于土地可持续管理的能力建设和信息系统

研究所和协会是相关国家政府机构的附属机构。他们在一些优先领域开展研究，通常被吸引参加一些公共和行业项目的培训，证明管理决策和提议的合理性。除了基于永久土地使用权从事公共森林和保护区管理的经济林和经济环境机构外，大多数土地使用者是私人公司或个人，他们基于私人所有权或基于租赁合同或临时用地（有偿或无偿）使用土地。

5.3.1 可持续土地管理的能力建设

在哈萨克斯坦，接受过高等和中等特殊教育的专业人员（在公共行政或商业实体中工作）以及接受过培训的科技人员的比例较高。经济体内超过 30 多所大学正在配备各个环境保护领域中的专家。然而，在土壤科学和景观科学领域中，具有较高专业教育水平的专家短缺。

各级治理机构及其领导人对相关问题和当前的荒漠化过程缺乏足够的了解，从而影响了他们的决策的平衡。

在农业方面，由于将先前存在的集体农场划分为小农场导致了在农业技术和畜牧技术工作的规划与组织方面的专业人员的外流，从而降低了人员潜力级别。许多农民没有接受过特殊教育或没有接受过农业和土地利用的现代方法和技术培训。这种情况加剧了农业咨询系统的欠发展。

与其他部门相比，农业部门中较低的固定资产投资无法提供更新材料和技术基础的机会。就这一点而言，不符合大多数公园农场的现代要求。灌溉和排水系统存在严重退化和故障，从而导致灌溉地退化。现有供水系统已经高度陈旧，极大地限制了特别是农村人口的安全饮用水的需求。

在土地研究机构中，科研工作人员的平均年龄较高，其中一些人熟练掌握外语。此外，实验室设备十分陈旧，对研究的质量和有效性产生不利影响。

可持续土地管理计划[①]将会促进土地管理领域中能力的发展。可持续土地管理计划将会有助于：

（1）在哈萨克斯坦共和国教育和科学部的参与下制定和实施农业部课程（主要以农业高等和中等教育机构为基础改善农民培训）。每年拨款作为经济体教育补助金的特殊配额用于培训农民。

（2）针对土地关系领域中农民和经济体机构专业人员的农业咨询系统的开发。根据哈萨克斯坦共和国农业部在 2003~2005 年期间经济体农业经济计划中的 100% 经济体参与"哈萨克农业推广"，其任务是在农村地区推广信息和咨询服务开发。开设 14 家地区办事处和 161 家股份公司的信息和咨询中心，与地方主管部门和大型农业综合企业密切合作。该计划将有助于大多数农民和其他农业形成和控制机构更多地获得这些服务，并且有助于扩展服务部门提供的清单。

（3）提升研究农业和土地关系组织的能力，并且满足农业生产者对科学成果的需求以及将科学成果应用于农业生产的需求。具体而言，需求基于农村生产者缺乏对科学进步和创新技术的意识。该计划将通过一系列出版物、研讨会和培训来促进这种意识的增长。它还将会促进有效经济机制的发展以支持私营实体方面的科学发展，尤其是利用一些经济发达经济体在某些税收科学方面和其他措施方面的经验。

（4）通过促进制定必要的法律框架和实施特别计划和项目，在体制上支持并加强合作社与土地和水使用者协会的合作。

5.3.2 SLM 信息系统

哈萨克斯坦已经建立了一个监测系统和土地资源清单（上述计划的组成和顺序）。以前，这些系统一直采用前苏联的治理模式，依照此模式土地是公共财产的唯一客体（无法进行市场交易），并且未被视为财产。目前正在对这些系统进行重组，以满足市场经济的需要。这些系统将会确保满足公共机构、土地所有者和使用者的需要并且获得关于土地状况的客观信息，从而促成这些变化的发生，并且预测这些变化的今后发展。目标是确保其符合国际标准。

中亚国家土地管理倡议（CACILM）计划将会有助于：

（1）更新 1954 年至 1987 年期间形成的全部库存信息。

[①] 由哈萨克斯坦共和国防治荒漠化公约国家工作组编写的中亚国家土地管理倡议（CACILM）国家框架，2015 年。

（2）在全部土地基金基础上创建高质量的规划和制图材料。

（3）引入信息的远程收集、处理和传播的现代技术，扩大用于监测和培训的固定监测站的地理区域网络。

（4）扩大土地管理工程。

然而，这项工作不应过多，也不应在经济上不可行。关于各种指标的全面调查和数据收集应仅限于使用（固定）土地，对于未使用土地可以列出一个指标清单，可以借助遥感方法进行准备工作。

特别是，中亚国家土地管理倡议（CACILM）计划将会促进：

（1）基于 GIS 技术建立公共土地管理机构和统一监测系统（ALMPLUMS）的管辖权。该系统将包括对由其他政府机构管理的土地进行部门监测的系统，以及行业监测系统（由商业实体执行）。公共土地管理机构和统一监测系统（ALMPLUMS）的数据将会被传送至统一国家环境和自然资源监测系统（USSMENS）并且作为该系统的基础，该系统由哈萨克斯坦共和国能源部运行，并且每年更新由 UN 服务器生成的数据。

（2）组织在公共土地管理机构和统一监测系统（ALMPLUMS）、国家土地地籍、统一国家环境和自然资源监测系统（USSMENS）、土地管理服务、地图绘制、摄影制图和照片描绘、土地管理和法律方面的培训、再培训和就业。

（3）通过利用空间信息、大地测量和制图作品的生产、数字和电子专题地图的新产品和制造技术，落实用于土地管理监测和现有设备清查的设备以进行观察和调查。

（4）配备移动实验室所需的监测设备和清查装置用于信息的收集和处理，以及扩大实验室的土地监测范围。

（5）改进与市场经济相适应的多用途地籍的科学和方法学基础。

（6）建立国家土地地籍和土地监测的自动化信息系统，该系统可进行信息的存储、分析和传播（通信）和访问所关注问题。

土地资源管理局、农业部和能源部负责该计划。

6. 林业国际合作项目

近年来，已经实施的一些国际项目对行业发展作出了重大贡献。其中最重要的国际项目包括 WB/GEF"哈萨克斯坦共和国保护森林和增加森林覆盖率"以及 UNDP/GEF"哈萨克斯坦山区农业生物多样性就地保护"。

WB/GEF"哈萨克斯坦共和国保护森林和增加森林覆盖率"项目由 IESD 于 2007 年至 2014 年期间在两个项目地点实施：额尔齐斯河遗迹松林带；经济体南部地区和咸海干涸湖底地区的梭梭种植场。

项目总费用为 6380 万美元，其中包括 2880 万美元国家预算款，国际复兴开发银行提供的 3000 万美元贷款，全球环境基金提供的 500 万美元赠款。

该项目的主要成果如下：

（1）在 4.1 万公顷的额尔齐斯河松林带上种植人工林，在 6.1 万公顷咸海干涸湖底上种植人工林和农田防护林。

（2）建成 3 个总面积达 83 公顷的森林苗圃，年生产能力为 2760 万株种植材料，包括具有封闭根系的种植材料的良种繁育复合体（容器育苗），年生产能力为 300 万株。

（3）引入额尔齐斯河森林防火信息系统试点区，包括安装在 8 个消防观察塔上用于监测森林火灾的光学传感器系统《Fire watch》和高清晰度雷暴系统（雷电探测）；

（4）建设 8 个森林消防站和 11 个消防观察塔，并且为其配备相关装备；

（5）制定合理利用梭梭林作为放牧地的机制，开展咸海干涸湖底的植物林业改良项目从而防治荒漠化和减少灰尘的扩散和盐补偿的发生；

（6）实施竞争性赠款计划，提供技术和财政支持，例如：

① 创建 13 个私人森林苗圃，总面积 133.6 公顷。

② 标记 3 个总面积 27 公顷的果园和面积 50 公顷的速生树种种植场。

③ 建成森林生物技术生产实验室并配备现代化设备，加强另外两个实验室的物质技术基础（这两个实验室用于进行木本物种克隆微繁殖）。

④ 建成 5 条生态旅游线路，开设 9 间宾馆。

⑤ 开设 43 个信息和培训讲习班，制作有关爱护森林的动画宣传片。

⑥ 确定研究项目数量，制定 10 项关于林业的科学建议。

根据计划审查的结果，发布"旨在创建私人森林和实现林业领域创新的竞争性赠款计划的实施结果"。

（7）项目区经济林所有者购买 221 辆特种车辆和拖拉机、100 辆设备拖车、97 台广播电台和接收器以及 1700 台消防设备装置。

在项目实施期间已经邀请了约 8000 位从事不同类型工作的人员。

目前已经考虑实施该项目的第二阶段。

UNDP/GEF "哈萨克斯坦山区农业生物多样性就地保护"项目于 2006~2011 年在哈萨克斯坦阿拉木图地区的两个试点地区实施。

项目费用：GEF 供款约为 303 万美元，包括直接融资 277 万美元以及哈萨克斯坦共和国政府拨款约为 1955 万美元（实物捐助）。

项目目标：以天山北部野生果林山区为例，保护哈萨克斯坦具有全球重要性的农业生物多样性。该项目侧重于基于生态系统方式对作物野生近缘种实施保护和管理措施，采用经改进的制度、技术、财政和法律框架，开展旨在造福当地居民和减少野生果林压力的备择性经济活动，提高各级机构在保护和重视农业生物多样性山区方面的意识。

该项目的主要成果如下：

（1）一份项目区野生果林山区清单。经清查发现，野生苹果林面积达 1.4 万公顷（1994 年清查结果为 5500 公顷），杏林面积达 900 公顷（1994 年清查结果为 300 公顷）。

（2）分配和经济认证区为 7 个塞威氏苹果和杏基因保护区，面积约 560 公顷。该状态可提供这些特殊的保护目标和使用模式。

（3）基于 PCR 分析，开发并提供一种更准确地控制苹果和杏天然基因型遗传纯度的方法，以便用于再造林。针对外伊犁阿拉套山和准噶尔野生苹果树，开展了超过 520 项基因型实验室检测和选择性遗传评价。有关野生苹果树基因研究项目的方法和结果的文章已经刊登在权威期刊"生物技术新观点"的九月刊上，文章作者 S. Dolgikh, A. Mishenko，题为"哈萨克斯坦塞威氏苹果和仁用杏种内多样性的分子遗传评估"，发布于欧洲生物技术大会（2011 年 9 月 28 日至 10 月 1 日，土耳其伊斯坦布尔）。

（4）制定关于保存塞威氏苹果和杏遗传多样性进化过程中历史上形成的克隆体（活植物）档案的建议（经林业和狩猎委员会科学技术委员会批准）。

（5）编写有关建设面积达 7 公顷的野生苹果和杏种内多样性档案克隆、体活植物园区的技术文件，该园区计划在伊犁阿拉套国家公园内建设。

（6）开发（首次）根插塞威氏苹果种植材料以及嫩枝扦插塞威氏苹果和杏的种植技术，以及促进野生苹果自然再生的方法。

（7）颁布野生苹果克隆微繁殖实验室规则，目前已经在哈萨克斯坦共和国农业部林业和野生生物委员会国家林业中心的选择过程中采用此规则。

（8）建立准噶尔阿拉套国家公园，面积 356022 公顷。

（9）在准噶尔阿拉套山地区的一些野生果林区进行卫生伐和疏伐，目的是清除一些已遭受病害的苹果树以及竞争性外来树种，面积达 65.5 公顷。

（10）来自美国和英国的著名科学家以及俄罗斯和哈萨克斯坦领先科研机构的工作人员共同编写了"保护野生植物（如野生水果）基因库的现代方法和国际经验"专论。在世界范围内的实践中首次总结了保护野生水果物种的经验。

（11）组织和举办两次国际科学会议（2007 年和 2012 年）。在保护哈萨克斯坦野生果林方面，保护组织成员为经哈萨克斯坦政府授权林业机构制定了详细建议。

（12）在 4 名专业人员以及伊犁阿拉套国家公园和准噶尔阿拉套国家公园管理部门的指导和公众参与下，建立旨在改进两个国家公园管理部门的治理方法以管理农业生物多样性山区的组织框架。

（13）加强项目地点的 SPNA 管理能力：

① 组织保护区和森林管理机构的 6 名管理人员前往奥地利实地研究国家公园的经验；

② 为伊犁阿拉套国家公园的两名员工提供补助金，帮助他们完成"林业学士学位"高等职业教育并获得资格认证；

③ 为阿拉木图保护区和伊犁阿拉套国家公园的 17 名员工组织培训计划指导和生态旅游；

④ 组织 5 名 SPNA 专家参加俄罗斯联邦和哈萨克斯坦关于森林防火、保护区管理和生态旅游方面的培训；

⑤ 组织经济体水果作物和葡萄栽培研究所的专家在由 N.V. Tsytsina 命名的主植物园（俄罗斯莫斯科）接受有关开发水果作物遗传分析方法方面的培训；

⑥ 在森林保护区和项目区开办野生果林病虫害防治培训班；

（14）制定与农业生物多样性保护有关的保护区管理方面的 5 项法律（经哈萨克斯坦共和国和林业的政府主管部门批准的法令）。

（15）制定"植物"法案（与《哈萨克斯坦共和国森林法典》相对应）的概念和生产版本（首次），该法案已经转交给经授权的林业机构，以便按照适用程序制定相关决策。

（16）编写关于保护在 IUCN 类别中木本植物的红皮书物种"苹果野生物种（新疆野苹果和新疆红肉苹果）"和"杏"（仁用杏）的提案，这些提案已经被采纳并且现已列入 IUCN 红色名录中。

（17）实施地方群落的替代物种（有益的野生果树林）活动项目。例如：①与 GEF 小额赠款方案达成协定的 5 个赠款项目；②与合作组织《KazMicroFinance》LLP 达成的有关优惠项目小额信贷的合作框架下进行的 3 个项目（畜牧业和作物生产的发展）。

（18）为 130 多个村民和农场主提供一系列培训，培训内容包括：业务的组织和开展；养蜂、园艺和畜牧业领域的农业生产以及生态旅游领域的新技术。

（19）创建项目信息活动：① 35 分钟视频，关于哈萨克斯坦野生苹果树"山区珍珠链"（3 种语言）；② 30 秒视频，关于植物报春花保护；③ 5 分钟视频（2 个版本）"21 世纪园林中的野生苹果"。

（20）为森林机构、保护区和农村社区的专业人员发布 17 项参考资料、信息和方法性文献的名称。

（21）重建阿拉木图保护区自然博物馆，对伊犁阿拉套国家公园游览中心展品进行设计项目开发和生产。目前正在落实游客中心的建设。

（22）保护区项目区采购和输送 50 多套机械设备，总金额约为 17 万美元。

保护生物多样性、森林和野生动植物的相关项目执行机构为哈萨克斯坦共和国农业部林业和野生动植物委员会。

7. 林业国际合作进程

哈萨克斯坦是环境保护议定书环境领域中 30 多项国际公约的成员国之一。例如，联合国生物多样性公约（CBD）、"卡塔赫纳和名古屋议定书"、联合国防治荒漠化公约（UNCCD）、濒危野生动植物种国际贸易公约（CITES）、关于特别是作为水禽栖息地的国际重要湿地公约（RAMSAR）等。

哈萨克斯坦农业部林业和野生动植物委员会由 CITES 国家行政管理局确定，该委员会副主席是联合国生物多样性公约（UNCBD）和联合国防治荒漠化公约（UNCCD）的国家协调员。

哈萨克斯坦在该领域积极地与独联体和东非经济共同体国家开展合作。特别是，哈萨克斯坦共和国、亚美尼亚共和国、白俄罗斯共和国、吉尔吉斯共和国、摩尔多瓦共和国、俄罗斯联邦和塔吉克斯坦共和国于 1998 年 9 月签署了一项关于木材行业和林业合作的协定。根据该协定，缔约方设立了木材行业和林业政府间理事会，负责组织和协调此项工作，促进其发展。在协定期限内，缔约方就林业和森林行业的各种问题举行了 15 次政府间理事会会议。2014 年，缔约方批准通过了各个经济体合作的基本方向——独联体国家林业和森林行业的参会者一致同意为国家林业部门的可持续和动态发展创造条件，确保经济安全并且满足公民获得高品质产品和健康森林财产的需求。

为了确保控制森林和草原火灾预防措施，以及协调和执行边境地区预防和消除森林和草原火灾的措施，2012 年 6 月哈萨克斯坦共和国政府与俄罗斯联邦政府之间签署了一项关于该领域合作的特别协定，确保能够及时地发现并清除两国边境地区发生的火灾。

2011 年 9 月，根据哈萨克斯坦共和国与俄罗斯联邦之间的协定，双方共同建立了跨界保护区"阿尔泰"。建立该保护区的目标：

（1）保护阿尔泰山区的生物和景观多样性。

（2）综合考虑到环境、社会和文化各个方面，促进环境保护和自然资源合理利用领域的双边合作。

（3）对天然复合物和物体进行环境监测和研究。

（4）发展环境教育和生态旅游。目前正在开展该保护区的创建工作。

哈萨克斯坦在大中亚经济体（中国、吉尔吉斯共和国、哈萨克斯坦共和国、蒙古共和国、塔吉克斯坦共和国、乌兹别克斯坦共和国）和亚太森林恢复与可持续管理组织（APFNet）的战略伙伴关系框架内开展合作。

通过这一伙伴关系，哈萨克斯坦参加了第一届（中国）和第二届（蒙古国）战略林业合作大中亚区域研讨会。2016 年 5 月，哈萨克斯坦（阿斯塔纳）主办了首届大中亚林业部长会议，通过了　项参与国决议。计划于 2017 年举行第二届大中亚林业部长会议。

在大中亚经济体之间的战略伙伴关系框架内，哈萨克斯坦最有希望的合作领域如下：

（1）利用森林、森林火灾形势和森林病虫害扩散（特别是边境地区）遥感系统和其他先进的森林监控系统进行联合监测，从而获得协调一致的管理决策。

（2）扑灭边境地区森林火灾。

（3）建立联合的跨境保护区和生物多样性保护区。

（4）打击非法贩运木材行为。

（5）在林业研究人员以及专业人员培训领域开展合作。

（6）实施关于以下内容的联合研究计划和项目：

① 减轻气候变化对森林健康和可持续性的影响；

② 制定有效且环保的森林生物保护方法；

③ 开发在沙漠地区建立可持续农林业种植场的技术；

④ 保护和利用森林遗传资源；

⑤ 制定用于评估森林生态系统服务和其他方面的方法。

（7）开展会议、考察、培训和研讨会活动探讨大中亚经济体林业当前面临的主要挑战。

（8）吸引投资基金和国际组织应对与大中亚经济体的林业相关的问题。

参考文献

[1] Approval of the program "Zhasyl El" for 2005~2007. // Decree of Kazakhstan Government dated 25.06.2005, N632.

[2] Approval of the program "Zhasyl El" for 2008~2010 years. // Decree of Kazakhstan Government dated 16.10.2007, N 958.

[3] Report of the Committee for Forestry and Hunting of the Ministry of Agriculture of the Republic of Kazakhstan for 2010, Astana, manuscript, 2011, 47 p.

[4] Approval of the program "Zhasyl El" for 2010~2014 // Decree of Kazakhstan Government dated 10.09.2010 , N 924.

[5] Biodiversity of Kazakhstan [Z/OL]. http://enrin.grida.no/htmls/kazahst/soe2/soee/nav/ biodiv/index.htm.

[6] Forest Code of the Republic of Kazakhstan [Z/OL]. https://egov.kz/cms/ru/law/list/ K930002000_ .

[7] Karibayeva K.N., Kurochkina L.Y., Vegetation changes and their regulation during grazing use. Kazakhstan−Almaty: Gylym, 1991.

[8] Kurochkina L.Y., Osmanova L.T., Karibayeva K.N. Pastures sandy deserts of Kazakhstan, Almaty, 1993.

[9] Laws of the Forestry of the Wildlife Committee of the Ministry of Agriculture of Kazakhstan:http://fhc.kz/zakon/ .

[10] National Biodiversity and Strategy Action Plan of Kazakhstan, Karibayeva K.N., 1999 [Z/OL]. https://www.cbd.int/countries/?country=kz .

[11] State of forest genetic resources in Central Asia. Country Report of Kazakhstan, Rodionov A.M., UN FAO, 2013.

[12] The forest sector of Kazakhstan in transition: the resources, people and sustainable use, A.Kushlin, William Sutton, Chaart Shillhorn van Veen. Astana, 2003, 77p.

[13] The National Atlas of the Republic of Kazakhstan. Environment and Ecology. 2nd ed. Revised and edited, Almaty, 2010, p.79− 95.

[14] The concept of national forest policy until 2020 [Z/OL]. http://www.greensalvation.org/uploads/Docs/2009_05draft%20forest%20polisy.doc.

[15] http://www.unccd.int/Lists/SiteDocumentLibrary/Publications/DesertificationVisualSynthesisRussian.pdf.,2013.